一本富有智慧和挑战的风靡全世界的奇书

Big Book of

聪明人都在玩的

图形思维游戏

[美] 伊凡·莫斯科维奇/著

黄小军　朱冬梅/译

Brain

全世界聪明人

都在做的

1000个烧脑游戏

Games

中华工商联合出版社

图书在版编目（CIP）数据

聪明人都在玩的图形思维游戏 / （美） 伊凡・莫斯科维奇著； 黄小军，朱冬梅 译. -- 北京 : 中华工商联合出版社，2022.5

书名原文 : Big Book of Brain Games

ISBN 978-7-5158-2574-8

Ⅰ. ①聪… Ⅱ. ①伊… ②黄… ③朱… Ⅲ. ①智力游戏－青少年读物 Ⅳ. ①G898.2

中国版本图书馆CIP数据核字（2020）第071048号

聪明人都在玩的图形思维游戏

作　　者：[美]伊凡•莫斯科维奇
译　　者：黄小军　朱冬梅
出 品 人：李　梁
责任编辑：吴建新　关山美
封面设计：北京聚佰艺文化传播有限公司
责任审读：于建廷
责任印制：迈致红
出版发行：中华工商联合出版社有限责任公司
印　　制：北京毅峰迅捷印刷有限公司
版　　次：2022年8月第1版
印　　次：2022年8月第1次印刷
开　　本：880mm×1230mm　1/32
字　　数：100千字
印　　张：7.25
书　　号：ISBN 978-7-5158-2574-8
定　　价：49.80元

服务热线：010－58301130-0（前台）
销售热线：010－58301132（发行部）
010－58302977（网络部）
010－58302837（馆配部）
010－58302813（团购部）
地址邮编：北京市西城区西环广场A座19—20层，100044
http://www.chgslcbs.cn
投稿热线：010－58302907（总编室）
投稿邮箱：1621239583@qq.com

目录

CONTENTS

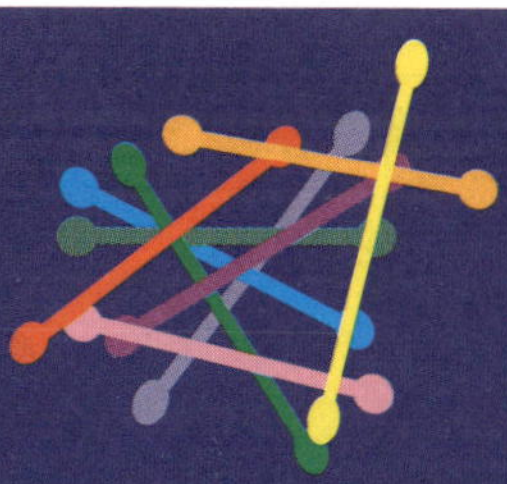

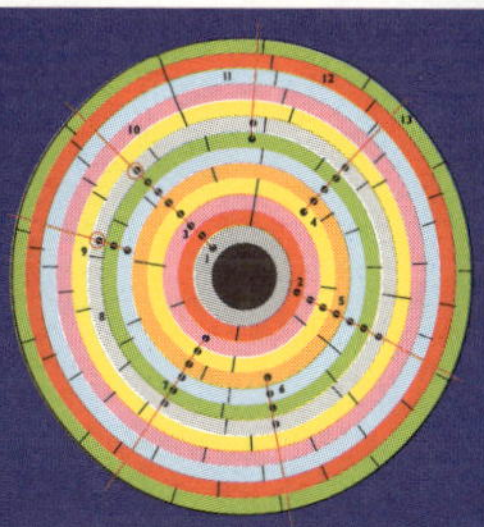

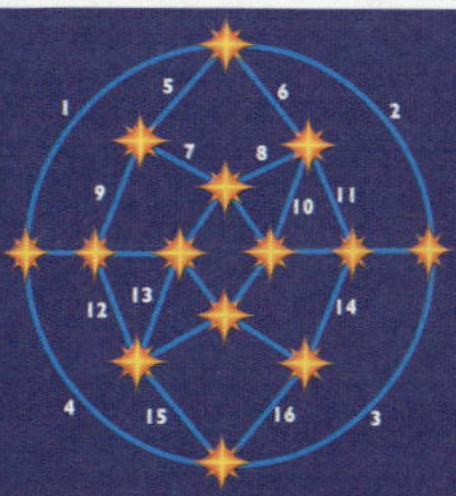

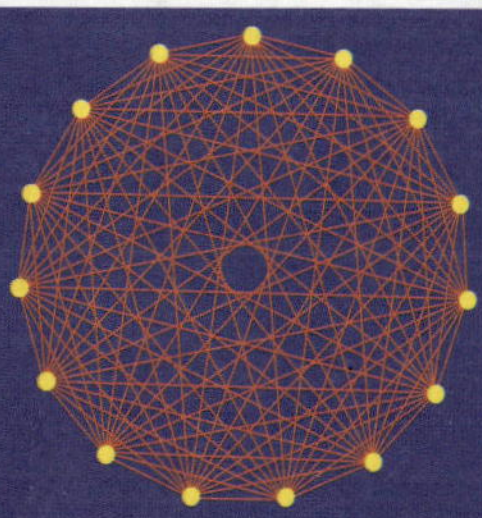

1

思维游戏的思维

1

难度：●●●●●●●●●●
要求：👁 ✎
完成：☐ 时间：________

将 7 减半

你能证明 12 的一半是 7 吗？

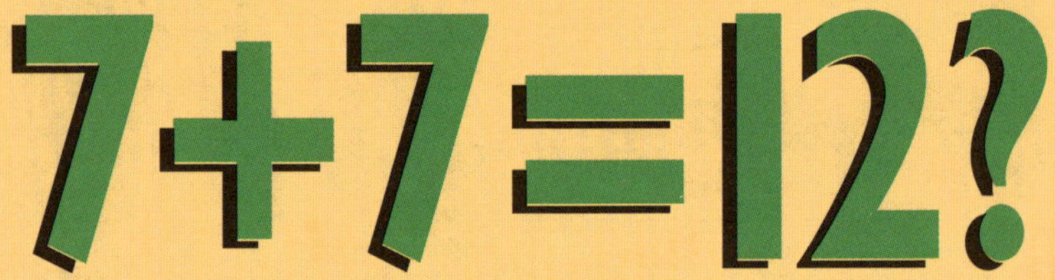

2

难度：●●●●●●●●●●
要求：👁 ✎
完成：☐ 时间：________

1803 年的思维游戏问题

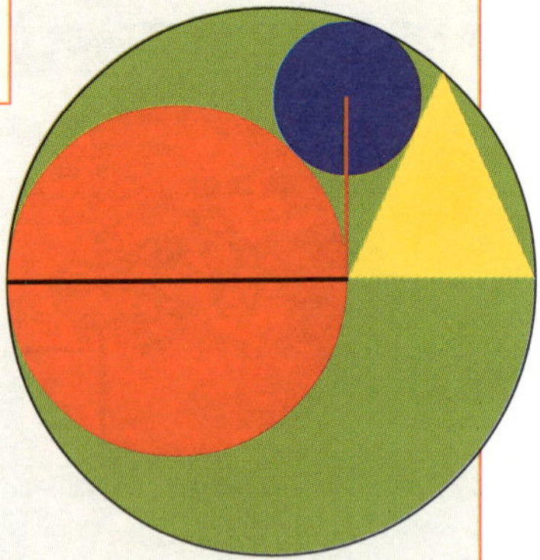

如图所示，在绿色的大圆形中有一个黄色的等腰三角形和一个红色的圆形。三角形的底边和红色圆形的直径在同一条直线上。三角形的底边向左延长至绿色大圆形的圆周，这条线段即是红色圆形的直径。现在，加入第三个圆形，使之分别与原有的两个圆形和三角形相切。连接这个圆形的圆心和红色圆形与三角形的交点。你能证明这条直线与绿色圆形的直径垂直吗？

3

难度：●●●●●●●●●●
要求：👁
完成：☐ 时间：________

阿米斯的问题

有七幢房子，每幢养了七只猫。每只猫吃了七只老鼠。每只活的老鼠会吃掉七个麦穗，而每个麦穗可以产出七个单位的面粉。

请问，这些猫挽救了多少单位的面粉？

4

难度：●●●●●●●●●●
要求：👁
完成：☐ 时间：________

嵌套的方框

一个花园里有这样一个巨大的抽象派雕塑（如图所示）。三个方框缠在一起，标有红色记号的方框在标有黄色记号的方框里面；而标有黄色记号的方框又在标有蓝色记号的方框里面。可奇怪的是，标有蓝色记号的方框又在标有红色记号的方框里！

你能说出这三个方框的大小吗？

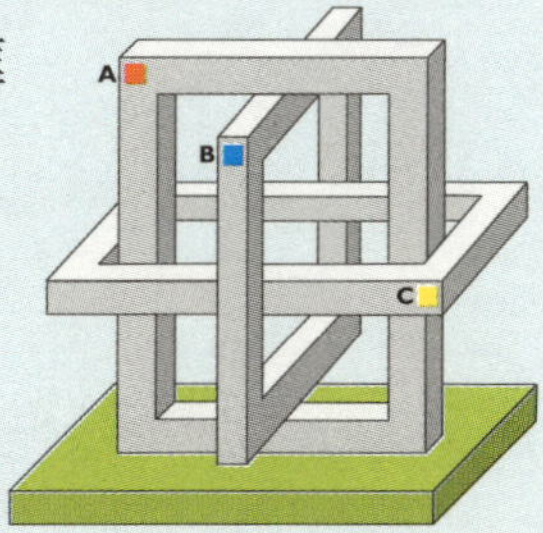

5

难度：●●●●○○○○○○
要求：👁
完成：□ 时间：________

吊门

仔细观察如左图所示中猫咪旁边的吊门。然后遮住这幅图，看右方的图片 1 ～ 7。

你能凭记忆选出左图中吊门的正确形状吗？

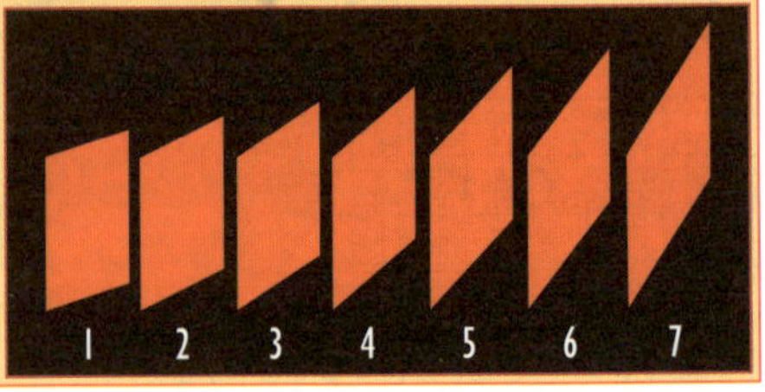

6

难度：●●●●○○○○○○
要求：👁
完成：□ 时间：________

鸡还是蛋

先有鸡还是先有蛋？你能回答出这个古老的问题吗？

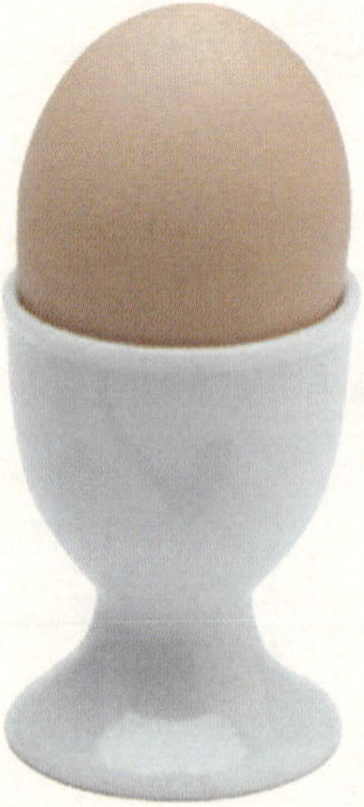

7

难度：●●●●●○○○○○
要求：
完成：□　时间：________

玩具问题

每种玩具都有一个价格，而图中所示的数字表示该行或列玩具的总价，你能把“？”处的玩具总价算出来吗？

8

难度：●●●●●●●○○○
要求：👁 ✏
完成：☐ 时间：________

连接长方形组成正方形

用 1~10 这十个连续整数创建出五个长方形，每个矩形选取两个不同的数作为边长，不得重复。要使所得的五个长方形可以组成一个正方形，有几种组合方法？

你能分别把下面四组彩色长方形填到其对应的左侧正方形网格中吗？

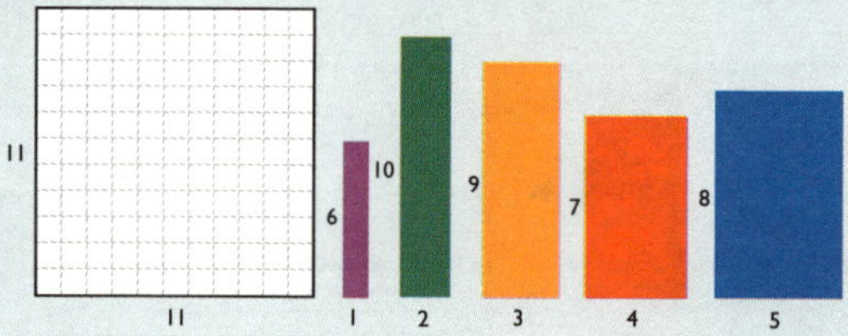

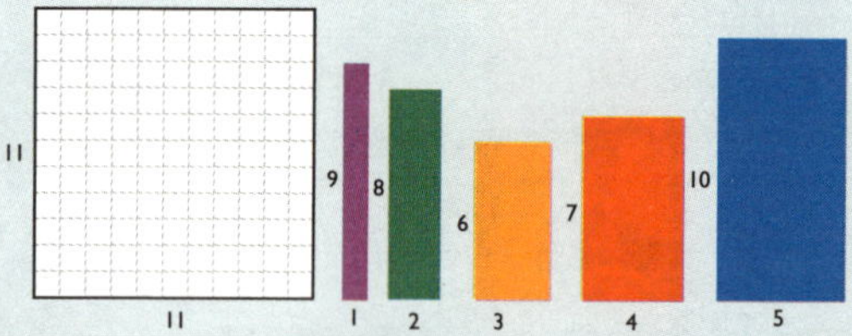

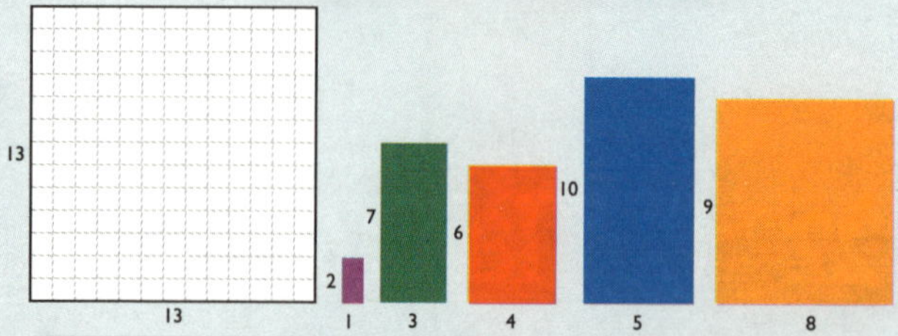

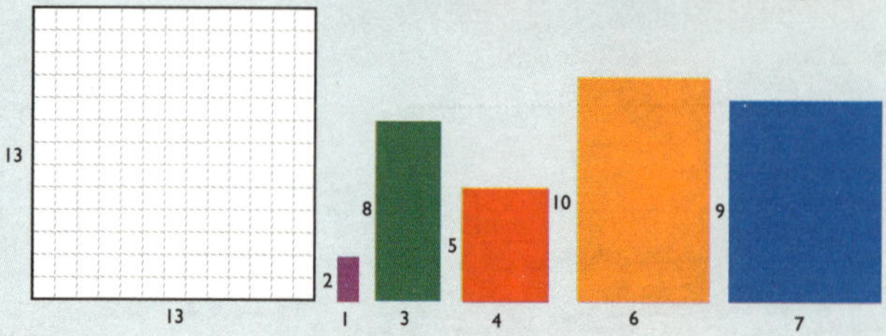

9

难度：●●●●●●●●●●
要求：👁
完成：□ 时间：________

皱眉的小丑

你能找出皱着眉头的小丑吗？

10

难度：●●●●●●●●●●
要求：👁
完成：□ 时间：________

取走小棍

这道题是一种常见的儿童游戏。每次移走最上面的一根小棍（即被移走的小棍上不能有别的小棍压着它）。请问，要把所有小棍都移走，应该按照怎样的顺序？

11

难度：●●●●●○○○○○
要求：👁 ✎
完成：□ 时间：________

火柴方块

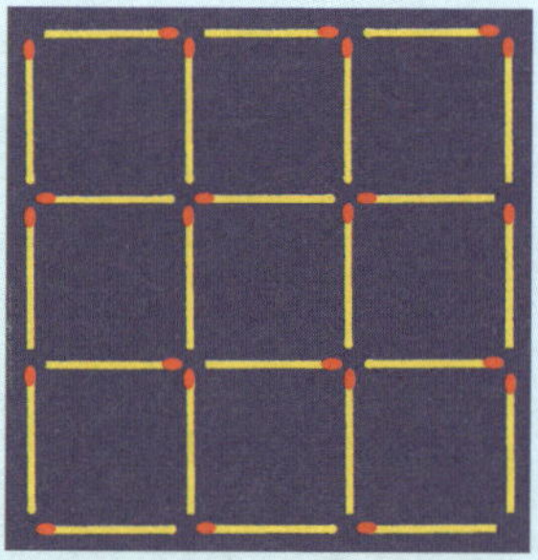

如图所示的图案由 24 根火柴构成。你能否取走八根火柴，让它变成两个不相交的正方形吗？

12

难度：●●●●●●○○○○
要求：👁 ✎
完成：□ 时间：________

箭头数字框

这类问题的目标是把八个方向的箭头（上、下、左、右、左上、右上、左下、右下）填入空格，同时，指向数字方格的箭头数目应和其中的数字相等。如右上图所示，这是一个错误的例子，按照上述规则，有一个空格内不能放任何方向的箭头，而且有一个数字和指向它的箭头数不等。

那么，依照以上规则，你能用箭头填满 4×4（如左上图所示），5×5（如左下图所示）和 6×6（如右下图所示）的空格吗？

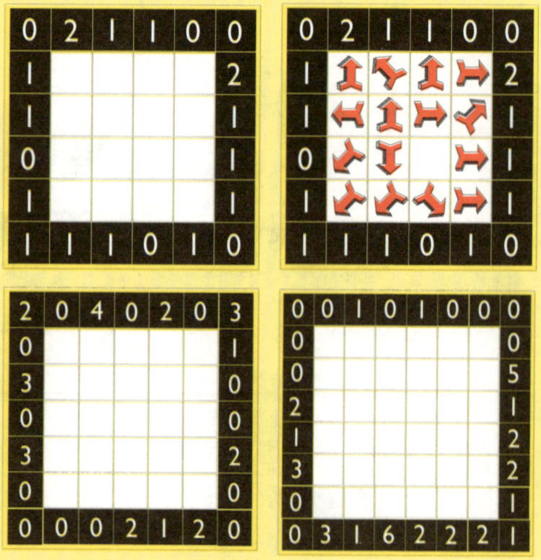

13

难度：●●●●●●●●●●
要求：
完成：□ 时间：________

抽彩票

只要足够幸运，抽彩票就能中大奖。现在有两种方式来抽取彩票：从装有 10 张彩票的盒子里抽一张；从装有 100 张彩票的盒子里抽 10 次，每次抽一张，而且要把每次抽出的没中奖的彩票再放回盒子里。你觉得哪种抽奖方式中奖的概率更大？

14

难度：●●●●●●●●●●
要求：
完成：□ 时间：________

15 和 120

有五个不同的整数，它们的和为 15，积为 120。你能求出是哪五个整数吗？

□ + □ + □ + □ + □ = 15

□ □ □ □ □ = 120

15

难度：●●●●●●●●●●
要求：
完成：□ 时间：________

30 和 2520

1~9 的九个整数中有五个整数，它们的和为 30，积为 2520。已知其中两个数是 1 和 8。你能求出剩下的是三个数吗？

□ + □ + □ + 1 + 8 = 30

□ × □ × □ × 1 × 8 = 2520

16

难度：●●●●●●●●●●
要求：
完成：□　时间：________

骏马和牛仔

你能否只用想像力，把印有牛仔的图片放到印有骏马的卡片上，组成一幅牛仔骑马的画面呢？这个问题（基于萨姆·劳埃德创造的经典驴子谜题）看似非常简单，但你又会立即发现，“显然”的答案是错误的。如果你感觉想像力还不能够解决这个问题，那么你可以把这两张图片剪下来试试。

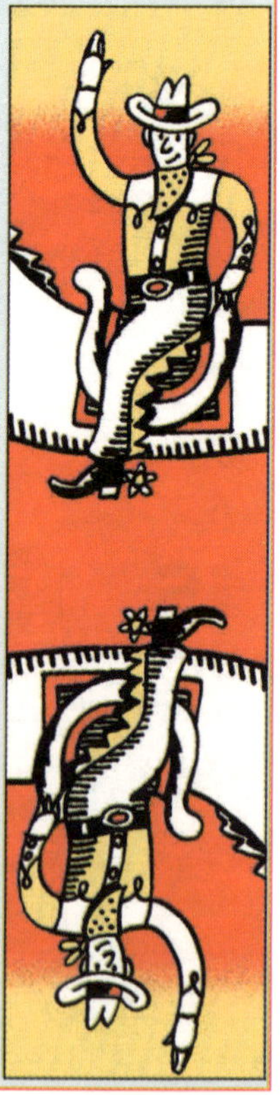

17

难度：●●●●○○○○○○
要求：👁
完成：□ 时间：________

不可能搭成的桥

乍一看，这种结构的桥（图中所示是用多米诺骨牌搭出的）是搭不出来的。还没搭几块，桥就会由于重心不稳而倒塌。可是，如果方法正确，你是可以轻松搭起这座桥的。

18

难度：●●●●●●○○○○
要求：👁 ✏
完成：□ 时间：________

黑暗中的手套

抽屉里有22只手套：五副红色的、四副黄色的和两副绿色的。如果这时灯熄灭了，在黑暗之中，你至少要拿几只手套，才能保证拿到一副颜色相同的手套？

19

难度：●●●●●●●○○○
要求：👁 ✏
完成：□ 时间：________

重叠的正方形

把图中的六个正方形叠放到灰色的方框中，使这些正方形的边在下面的灰色方框中组成18个大小不同的正方形。（注意，正方形中的网格线只是用于定位。）

20

难度：●●●●○○○○○○
要求：👁 📄 ✂
完成：□ 时间：________

T型拼图

在这个经典的小游戏里，你能看出来这四块拼图可以拼成字母“T”吗？

在看答案前，请先把它们复印后剪下来拼拼看。

21

难度：●●●●●●●●●●
要求：👁 ✏ 📄 ✂
完成：□ 时间：________

滑动的圆盘

传统的滑块或滑动盘拼图都有一个空位，可以让滑块移动。这种游戏的关键，就在于知道把哪个滑块移动到空位中去。如图所示，是一种没有空位的滑动圆盘。32个圆盘像链条一样，在两个椭圆形通道里沿水平或竖直方向一起移动。每条链条由18个圆盘组成，其中两条链共用四个圆盘。移动一个圆盘就会使这条链上的其他圆盘都跟着移动，而两条链的交替移动可以使圆盘从一条链移到另一条链。

有12个红色圆盘，12个蓝色圆盘和8个黄色圆盘。初始时，红色的圆盘在拼图中间形成一个正方形。请问，要移动多少步，才能够使中央的正方形全部由蓝色圆盘取代？

22

难度：●●●●●●●●●●
要求：👁 ✎
完成：□ 时间：________

外星人绑架

四个 UFO 围住一个人，在这个人的上空盘旋，想绑架他。每个外星人从左侧或右侧向这个人射出一道激光。如果射出的这四道激光能把这个人圈在一个长方形里，就能抓到他。请问，外星人能抓到这个人的概率是多少？比如，如图所示，每个外星人都从右面向这个人射出一道激光。

23

难度：●●●●●●●●●●
要求：
完成：□ 时间：________

发明家伊凡

有三个朋友谈论起伊凡。

格里说："伊凡发明了上百种玩具。"

"不，"乔治说，"没有那么多。"

"他至少发明了一种玩具。"安妮塔说。

如果他们之中只有一个人的话是对的，那么，你能说出伊凡发明了多少玩具吗？

哈哈，伊凡也在下面的图片中。你能发现他吗？

24

难度：●●●●●●●●●●
要求：👁
完成：☐ 时间：________

金银岛

海盗为了迷惑他的敌人，制作了这张有错的藏宝图。现在知道，这张藏宝图中有一个说法是假的。你能找出宝藏埋在哪里了吗？

25

难度：●●●●●○○○○○
要求：👁 ✎
完成：□ 时间：________

马戏骑士

每匹马都有不同的颜色。这七匹马能以多少种不同的方式绕着马戏场地转呢？

26

难度：●●●●●○○○○○
要求：👁
完成：□ 时间：________

书虫

一条书虫从第一本书的第一页开始，吃到第五本的最后一页。如果每本书加上封面 0.5 厘米和封底 0.5 厘米共有 6 厘米厚，那么这条书虫共走了多少路程？

27

难度：●●●●●●●○○○
要求：👁 ✎
完成：□ 时间：________

万圣节面具

现在，有五种颜色可以使用。如果想要把这个万圣节面具的眼睛、鼻子和嘴巴涂上，有几种涂法？

28

难度：●●●●●●●○○○
要求：
完成：☐ 时间：________

变换图形

在这个游戏中，你可以交换两行或两列，或者把某行或某列颠倒。上述任一种交换或颠倒都算一步。那么，各需要多少步，才能把图中两个初始图形变换成所要求得到的图形？

（注：图中 initial configuration：初始图形；final pattern：最终图形；puzzle 1/2：问题 1/2）

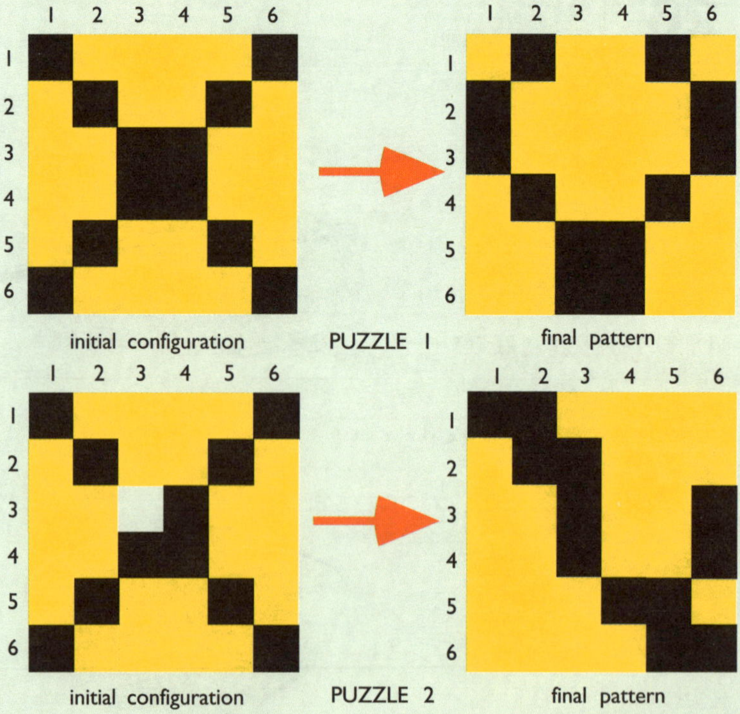

29

难度：

要求：

完成：☐ 时间：________

跳桩游戏

如图所示，布满了12个彩色木桩和134个黑色木桩。现在，想要一一对应连接第一行和最后一行的彩色木桩，你能找到路径吗？每跳一步的长度只能是下面所列的三种长度之一。如图所示，连接了都标有数字5的两个点。

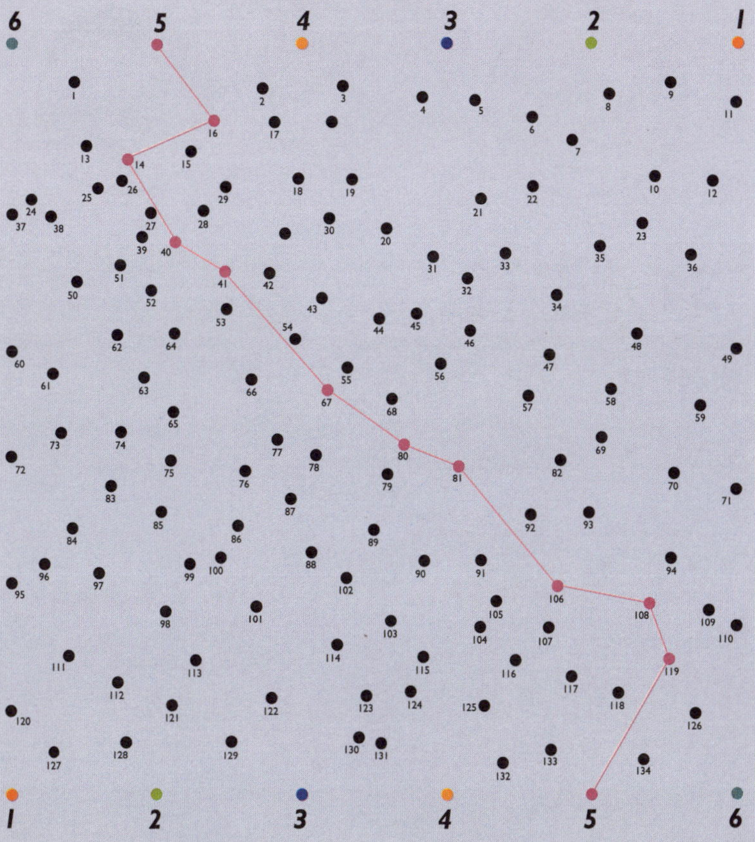

30

难度：●●●●●●●●●●
要求：
完成：□ 时间：________

三枚硬币的概率问题

有人在阐述概率问题，他说："掷三枚硬币，它们全部正面朝上或全部反面朝上的概率都是1/2，因为你掷三枚硬币，至少两枚同时正面或反面朝上，而剩下的一枚正面朝上或反面朝上的概率又是相等的。"

他说得对吗？如果不对，那应该怎么说？

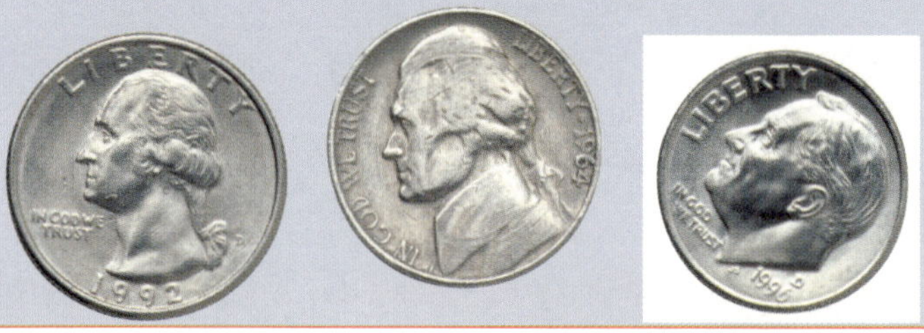

31

难度：●●●●●●●●●●
要求：
完成：□ 时间：________

火柴行动

只需几下小小的旋转，这些火柴就会变成一条信息。你能找到这个词吗？

32

难度：●●●○○○○○○○
要求：👁
完成：☐ 时间：________

星际的问候

你能破译这个简单的信息吗？

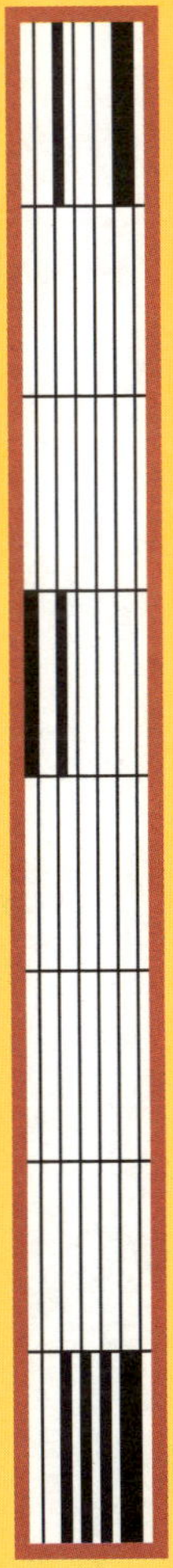

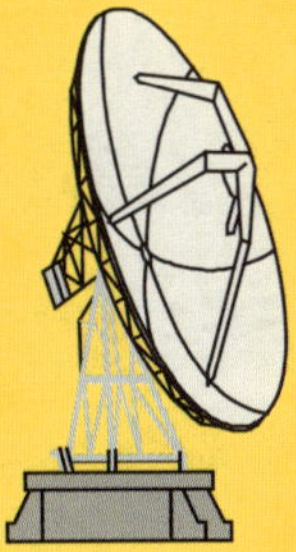

33

难度：●●●●●○○○○○
要求：👁
完成：☐ 时间：________

星际通信 1

天文学家已经将类似这样的信号（如图所示）发送到外层空间，希望可以与其他行星上的智能生命建立联系。研究人员希望，即使这些外星生物无法理解我们的语言、文字、图像，他们之间也可以使用无线电进行交流。因此，已经发送了包含简单数学原理的消息。

你能破译这些信息吗？

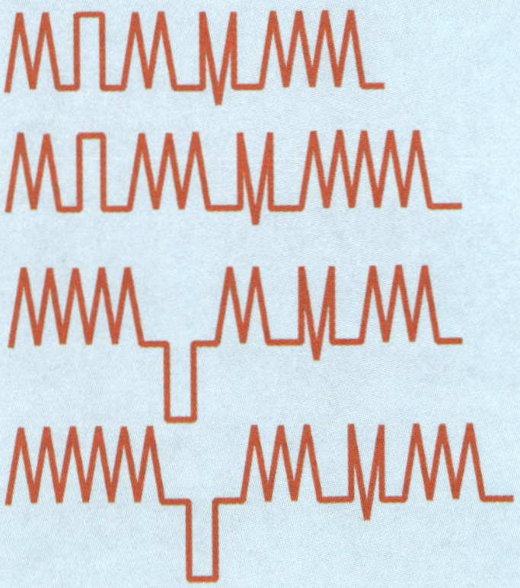

34

难度：●●●●●○○○○○
要求：
完成：□ 时间：________

星际通信 2

假设那些外星生物收到了我们之前发送的信号，并回复了由点和几何图形所组成的消息，你能破解出它们是什么意思吗？

35

难度：●●●●●●○○○○
要求：
完成：□ 时间：________

高处穿越

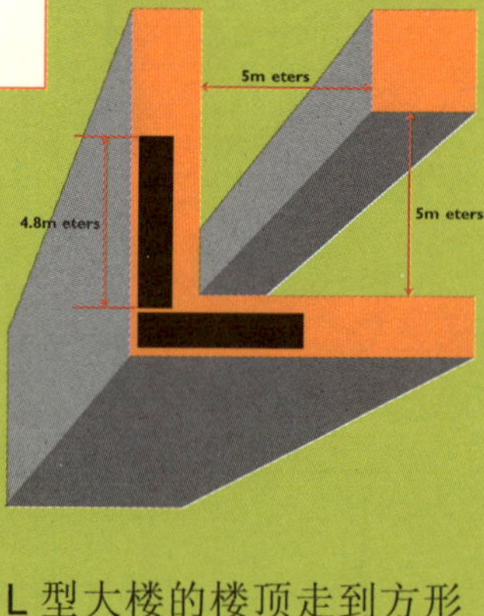

如图所示，两幢高楼之间最近的距离是 5 米。在 L 型大楼的楼顶上，有两段各长 4.8 米、宽 1 米的铁架梯。不能跳跃，也不能把两个铁架梯焊接起来，想要从 L 型大楼的楼顶走到方形大楼的楼顶，该怎么办呢？

（图注：4.8 米、5 米）

36

难度：●●●●●○○○○○
要求：
完成：□ 时间：________

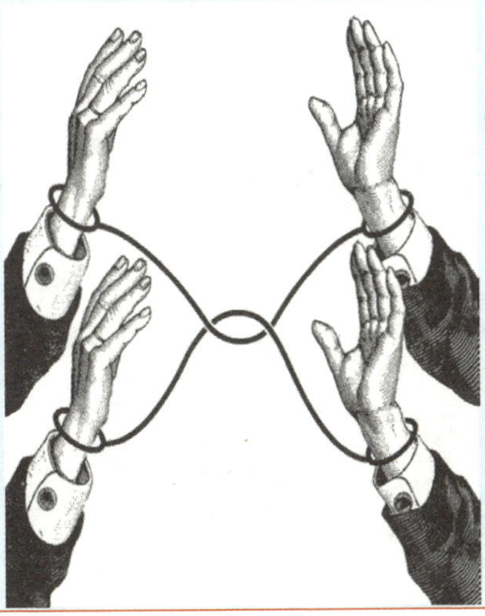

绳结

如图所示，两个人质的手腕被绑在一起。在不剪断绳子，也不解开绳结的情况下，他们能分开吗？

37

难度：●●●●●●●○○○
要求：
完成：□ 时间：________

从 6 到 7

你有办法用三个 6 得到一个 7 吗？

38

难度：●●●●●○○○○○
要求：
完成：□ 时间：________

士兵收剑

一名士兵想把他 70 厘米长的剑收起来，但唯一可用的箱子只有 40 厘米长、30 厘米宽、50 厘米高。他的这把剑能装进这个箱子吗？

39

难度：●●●●●●○○○○
要求：
完成：□ 时间：________

平分正方形

如图所示，彩色的图形被分成了四个相同的部分。你能把这个白色的正方形平均分成五块吗？

40

难度：●●●●●●●●●●
要求：
完成：□ 时间：________

奇观

如图所示，这两幅图是一个三维物体的两个视图。左边的图形是主视图，右边的图形是俯视图。

你能把这个物体的立体图画出来吗？

41

难度：●●●●●●●●●●
要求：
完成：□ 时间：________

狮身人面像之谜

你能解开这个古时的难题吗？

在希腊神话中，狮身人面像是一个怪物，她拥有女人的头、狮子的身体和鹰的翅膀。狮身人面像守卫着底比斯城的大门，向所有想进入城门的人提出一个谜题：

“什么东西早上四条腿，中午两条腿，黄昏三条腿？”

狮身人面像杀死了所有不能答出谜题的人，并发誓如果有人能解答出谜题，就毁灭掉自己。当俄狄浦斯告诉她答案时，她不得不履行诺言。

你能解出这个谜题吗？

42

难度：●●●●●●●●●●
要求：👁 📄 ✂
完成：□ 时间：________

魔法七边形

复制本页上的大七边形，沿着线将它剪成20个部分。

问题1：把这20个部分拼成两个完全相同的七角星。

问题2：把这20个部分拼成四个较小的七边形。

43

难度：●●●●●●●●●●
要求：👁
完成：□ 时间：________

相遇的瓢虫

瓢虫先生和瓢虫小姐在花瓣上相遇了。

“我是男孩。”身上有红斑点的瓢虫说。

“我是女孩。”身上有黄斑点的瓢虫说。

他俩都笑了，因为他们中至少有一个在撒谎。从他们的话中，你能判断出谁有红斑点，谁有黄斑点吗？

44

难度：●●●●○○○○○○
要求：👁
完成：□　时间：________

天际线

如图所示，你能将上面所示的天际线与它们对应的天空相匹配吗？

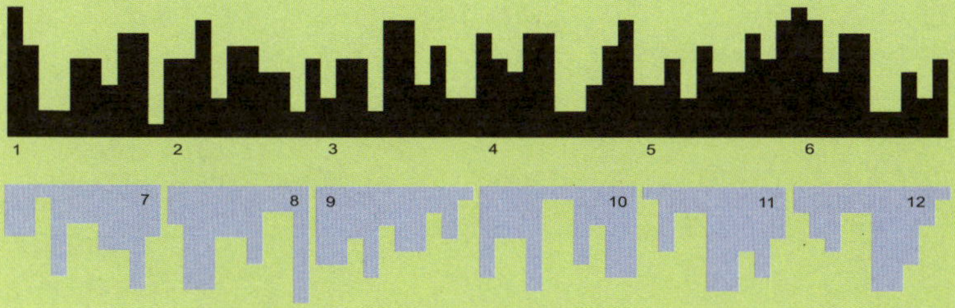

45

难度：●●○○○○○○○○
要求：👁 ✏
完成：□　时间：________

奇数交叉

如图所示，红色曲线从内到外穿过黑色闭合线，形成红色闭合线，并与黑色闭合线相交有 10 个点。

你能以同样的方式在同一个黑色闭合曲线上画一条红色闭合线，使它们有 9 个交点吗？

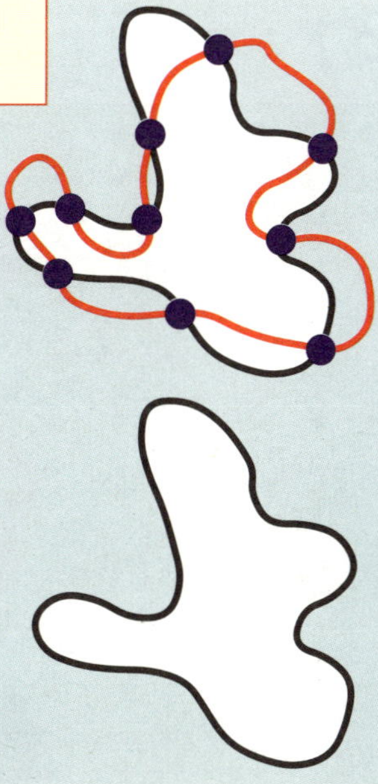

46

难度：●●●●○○○○○○
要求：
完成：□ 时间：________

重叠的地毯

一块边长 2 米的正方形地毯与一块边长 1 米的正方形地毯重叠在了一起。大地毯的一个顶点正好在小地毯的中心。不包括流苏，小地毯被大地毯遮住了百分之几的面积？

47

难度：●●●●●○○○○○
要求：
完成：□ 时间：________

对接多边形

把这两个黑色的三角形放在适当的位置，使这些多边形边边相接地连在一起，并且这些多边形不能旋转，你能做到吗？

48

难度：●●●●●●●●●●
要求：👁 ✎
完成：□ 时间：________

关于袜子的墨菲定律

假设你洗了五双袜子后，发现丢了两只。这种情况可能是：

1. 丢了的两只袜子恰好是一双，你还有四双袜子；

2. 丢了的两只袜子不是一双，你还有三双袜子。

爱德华·墨菲上尉说过："任何可能出错的事情都会在最坏的时候出现。"这个袜子问题是否也会验证墨菲定律呢？

49

难度：●●●●●●●●●●
要求：👁 📄 ✂
完成：□ 时间：________

穿过明信片

你能从一张普通的明信片上穿过去吗？

50

难度：●●●●●●●○○○
要求：
完成：□ 时间：________

电话号码

一男一女在酒吧里相遇，相谈甚欢，他俩约定第二天共进晚餐。具体的约会时间由男士打电话通知女士。第二天早上，男士发现他只能记起女士的电话号码由下列数字组成：2、3、4、5、6、7、8，但却忘记了它们的排列顺序。

如果他随机打一个由这七个数字组成的电话，那么，正好拨到那位女士电话的可能性是多少？

51

难度：●●●●●●○○○○
要求：
完成：□ 时间：________

不规则六边形

一个正六边形可以分成六个全等的等边三角形。那如图所示中的这个不规则六边形呢？它至少可以分成15个大小不同的等边三角形。利用图上画出的六角形网格，你能找出这些等边三角形吗？其中有一些还是全等的等边三角形。

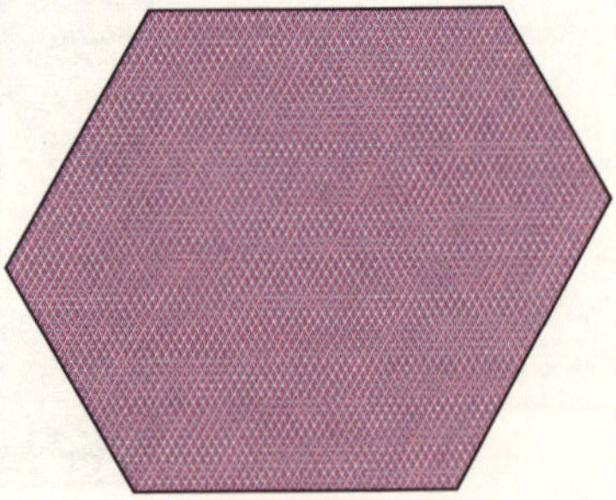

52

难度：●●●●●●●●○○
要求：👁 📄 ✂
完成：□ 时间：________

彩色雨伞

请你旋转这九把彩色的雨伞，使每两把相邻的雨伞都是同样的颜色相邻接。

53

难度：●●●○○○○○○○
要求：👁 ✏
完成：□ 时间：________

握手 1

在一次商务会议上，每个参会者都会与其他参会者恰好握一次手。如果一共发生了 15 次握手，那么你知道共有多少人出席会议吗？

54

难度：●●●●○○○○○○
要求：👁 ✏
完成：□ 时间：________

握手 2

有六个人围坐在一张圆桌边。如果手臂不能交叉，那会有多少种握手的组合？

55 难度：●●●●●●●●●● 要求：👁 📄 ✂ 完成：□ 时间：________

七巧板多边形

这是一套由七块三角形或四边形组成的玩具，它们可以组合成许多复杂的形状。1942 年，中国数学家王福春和熊全治证明，七巧板可以精确地拼成 13 种不同的凸多边形：一种三角形、六种四边形、两种五边形和四种六边形。如图所示，你能用它们拼出另外 12 种图形吗？

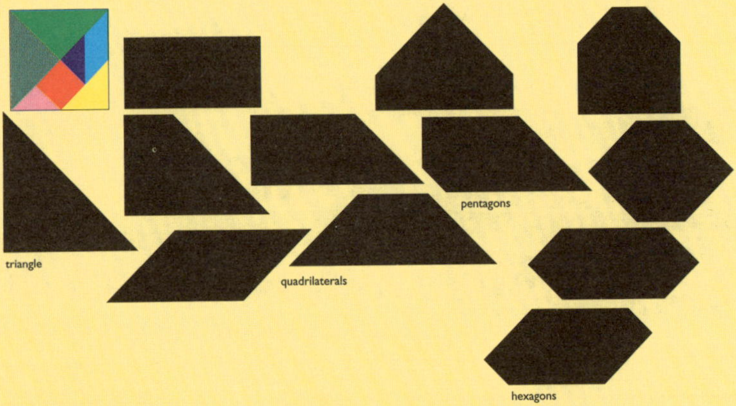

56

难度：●●●●●●●○○○
要求：
完成：□ 时间：________

多米诺骨牌

如图所示，右边的图案都是由左边所示的 28 套多米诺骨牌组成的。通过仔细观察，你能确定这些多米诺骨牌是如何排列的吗？分割右边的图案对你会有帮助。

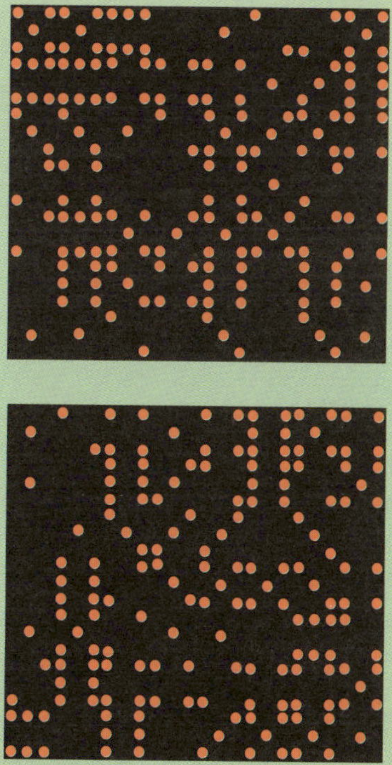

57

难度：●●●○○○○○○○
要求：👁
完成：□ 时间：________

最后一个人

假设你是一家科幻杂志社的编辑。你读到一个故事是这样开头的："The last man on the earth sat alone in his room. Suddenly there was a knock at the door！"（地球上最后一个人独自坐在他的房间里。突然，有人敲门！）

请将第一句话里的一个词修改一下，以强调在敲门声响起之前，这个人是地球上唯一的人。

58

难度：●●●●●●○○○○
要求：👁 ✎
完成：□ 时间：________

旅馆的钥匙

旅馆的服务员将八个客人领到他们各自的房间（1 号房间到 8 号房间）。可是，这些房间的钥匙上都没有标明房号，而且服务员也搞不清钥匙的顺序。如果一把一把地试，那么，服务员最多要试几次才能把每个房间的门都打开？

59

难度：●●●●●●●●●●
要求：👁 ✏
完成：□ 时间：________

缺失的部分

如图所示，你能找出图中的规律，并把缺失的部分补上吗？

60

难度：●●●●●●●●●●
要求：👁 ✏ 📄 ✂
完成：□ 时间：________

拆分正方形

如图所示，你能把组成左边正方形的 22 个正方形重新组合成右边的两个正方形吗？

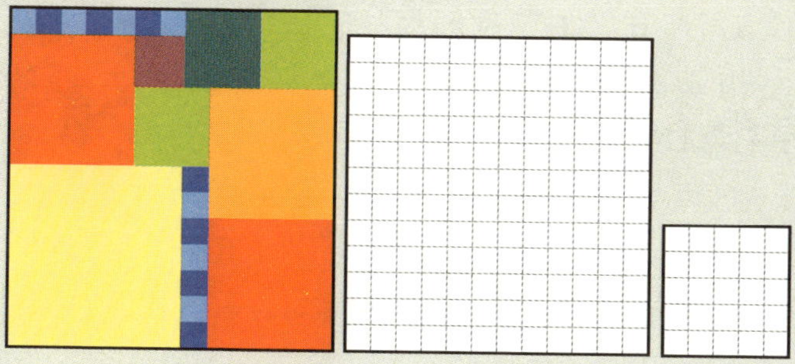

61

难度：●●●●●●●○○○
要求：👁 ✎
完成：☐ 时间：________

砌墙

如图所示，左边是由长为2、宽为1的砖砌成的正方形墙面，有一处贯穿上下的断层。请你在右边用这些砖砌一堵更坚固的墙。

62

难度：●●●●●●●○○○
要求：👁
完成：☐ 时间：________

五连体六边形

五个边边相连的正六边形构成一个五连体六边形。五连体六边形共有22种可能的形状，其中的11种构成了如图所示中左边的蜂窝图形。同时，为了便于观察，将五连体六边形之间用粗线进行分隔。右边所列的四个五连体六边形中，哪一个没有被左边的蜂窝用上？

63

难度：●●●●●●○○○○
要求：👁 ✎
完成：☐ 时间：________

果篮

市场上摆放了三种果篮，每种都有一个标价。如果只要一根香蕉、一个橘子和一个苹果，那么需要付多少钱？

64

难度：●●●●●●○○○○
要求：👁 ✎
完成：☐ 时间：________

家庭成员

在一个家庭里，有一个祖父、一个祖母、两个爸爸、两个妈妈、四个孩子、三个孙子（女）、一个哥哥、两个妹妹、两个儿子、两个女儿、一个公公、一个婆婆，还有一个儿媳妇。如果一共只有三代人，那这个家庭到底有多少人？

65

难度：●●●●●●○○○○
要求：👁 ✎
完成：□ 时间：________

时装秀

三个模特儿——小粉、小绿和小蓝分别穿着粉色、绿色和蓝色的时装走台。

“真奇怪，”小蓝说，“我们的名字是粉、绿、蓝，穿的衣服也是粉、绿、蓝，可没人穿的衣服和她的名字相符！”

“真是太巧了！”穿绿色衣服的说。

从她们的谈话中，你能判断出谁穿了什么颜色的衣服吗？

66

难度：●●●●●●○○○○
要求：👁 ✎
完成：□ 时间：________

三个“2”

只用三个“2”，你能组成多少个数字？

67

难度：●●●●●●●●●●
要求：👁 ✎
完成：☐ 时间：________

小猪储蓄罐

三枚 5 分硬币和三枚 1 角硬币分别存放在三个小猪储蓄罐中，每个存两枚。每个储蓄罐上都印有其存放的金额，但是金额却都印错了。你现在可以从其中任一个储蓄罐里倒出一枚硬币，从这枚硬币你能推断出它们各自存放的金额吗？

68

难度：●●●●●●●●●●
要求：👁
完成：☐ 时间：________

叠放正方形

如图所示，14 个正方形叠放成长方形。你能确定这些正方形从下层到上层的叠放顺序吗？

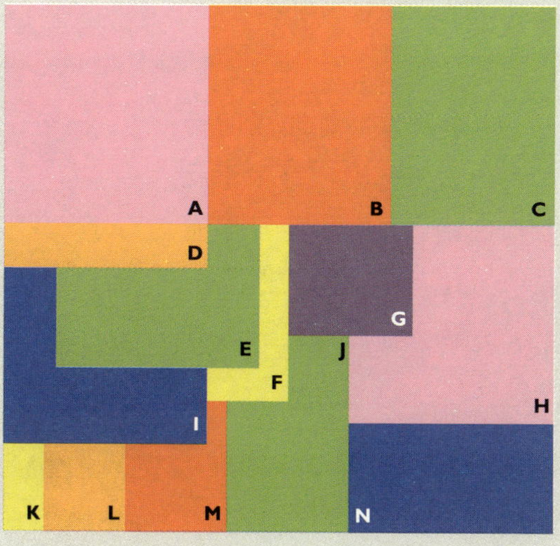

69

难度：●●●●●○○○○○
要求：👁
完成：☐ 时间：________

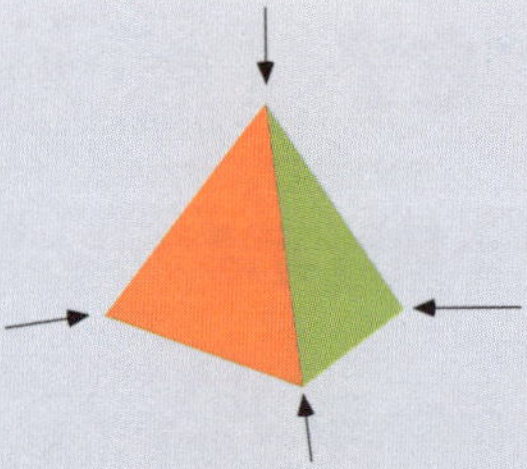

正四面体

这个有点像金字塔的正四面体是由四个等边三角形组成的立体图形。如图所示，每个面都涂上一种不同的颜色，红色、绿色、黄色和蓝色。在以下五个图中，有四个是同一个四面体从不同顶点的俯视图，你能找出不是的那一个吗？

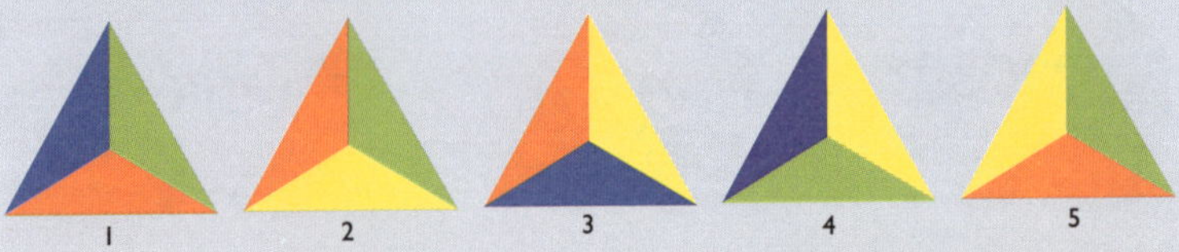

70

难度：●●●●●●○○○○
要求：👁 📄 ✂
完成：☐ 时间：________

叠放邮票

如图所示，有连成两行三列的六张邮票，每张正反面颜色相同。它们能沿齿痕叠在一起。在上面的四幅图中，哪幅不可能由下图的邮票叠成？

71 难度：●●●●●●●●●●
要求：👁
完成：□ 时间：________

彩色卡片

如图所示，1~4 号卡片中，哪张没有出现在下方的图中？

1　2　3　4

72

难度：●●●●●●●○○○
要求：
完成：□ 时间：________

破解密码

POF UIPVTBOE QMBZUIJOLT

如图所示，这是一条简单的密码。你能破解出图中的三个单词吗？

73

难度：●●●●●○○○○○
要求：
完成：□ 时间：________

俯视金字塔

如图所示，把四张布篷安装在这个金字塔形的支架上。从正上方俯视，你将看到什么图案？

74

难度：●●●●○○○○○○
要求：
完成：□ 时间：________

纸带星星

你能用三条同样的纸条做出一颗完美的星星吗？

75

难度：●●●●●●●●●●
要求：👁 ✏
完成：□ 时间：________

轮廓图案

如图所示，上方的正方形中包含有五个不同的长方形，剩下的三个图形也分别由这五个长方形构成。根据空白的轮廓上已经画好的格子，你能分别把这五个长方形画出来吗？

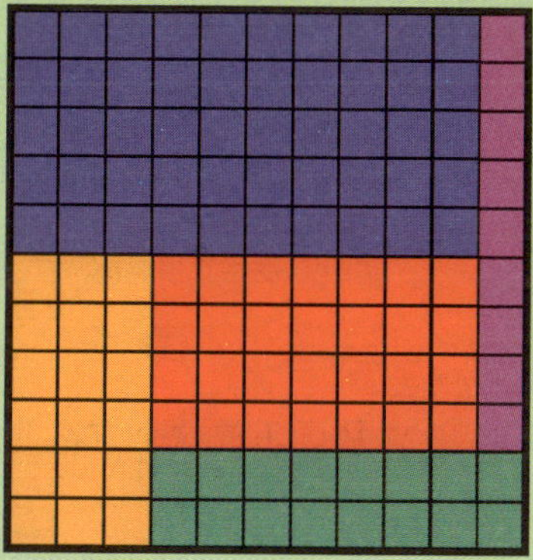

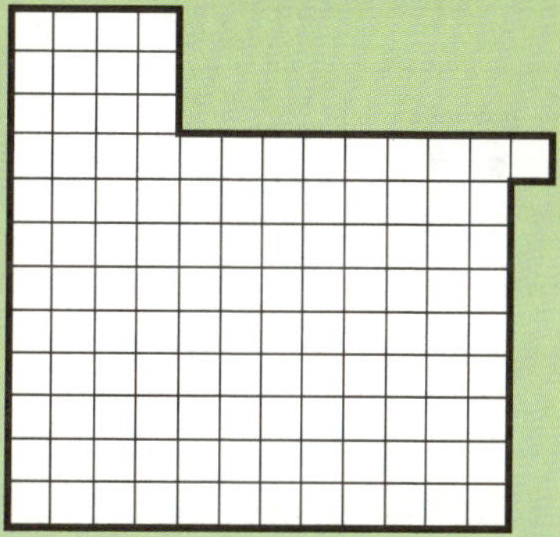

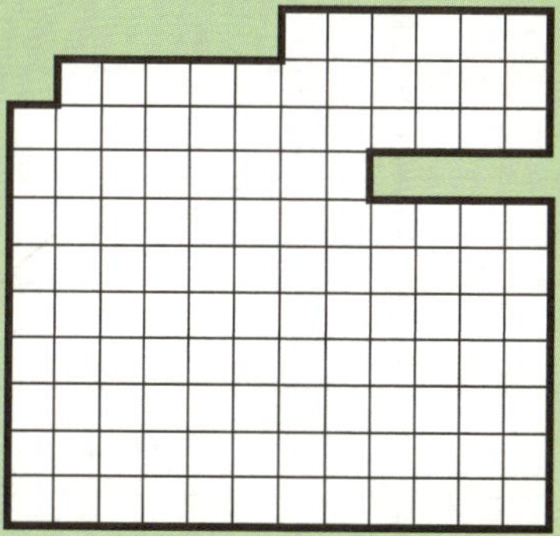

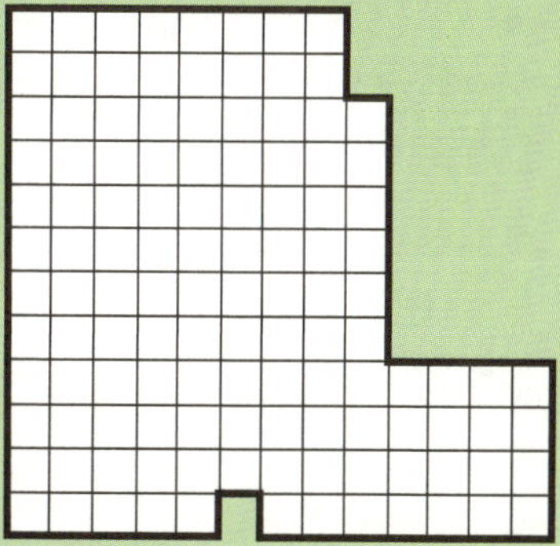

76

难度：●●●●●○○○○○
要求：👁 ✏
完成：□ 时间：________

火柴三角形

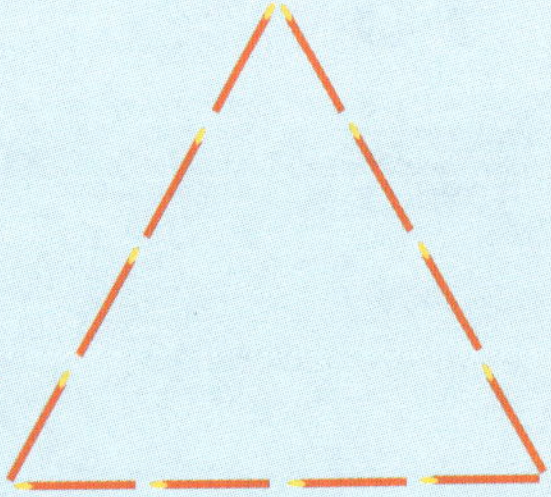

移动图中的四根火柴，将这个大等边三角形变成两个小等边三角形。

还是只移动四根火柴，将这个大等边三角形变成四个小等边三角形，你能做到吗？

77

难度：●●●●●●●○○○
要求：👁 ✏
完成：□ 时间：________

行列配对

如图所示是一个 7×7 的方格，将 21 枚硬币放这个方格的圆圈中，需满足下列条件：

每行有三枚硬币；

每列有三枚硬币；

任意两行中，只能有两枚硬币在同一列上；

任意两列中，只能有两枚硬币在同一行上。

78 | 难度：●●●●●○○○○○ 要求：👁 完成：□ 时间：________

动物排列

图中动物按一定的规律排列，你能找出其中规律，说出“？”处是哪种动物吗？

79

难度：●●●●○○○○○○
要求：👁
完成：☐ 时间：________

配对游戏

来了，来了！终于到配对游戏的时间了！这回，请你找出所有能配对的图案，并把那个不能配对的图案也找出来。

有趣的是，这些和古希腊人的装饰图案很相似的图案可以简单地用直尺和圆规画出来。

80

难度：●●●●●●●●●●
要求：👁 ✎
完成：☐ 时间：________

进击的战马

这种棋中马的走法是：先直走两格再转九十度直走一格，或者先直走一格再转九十度直走两格。现在棋盘上有 20 个马，每一个都只能和另外一个形成互吃局面。你能不能依照这个条件放上更多的马？

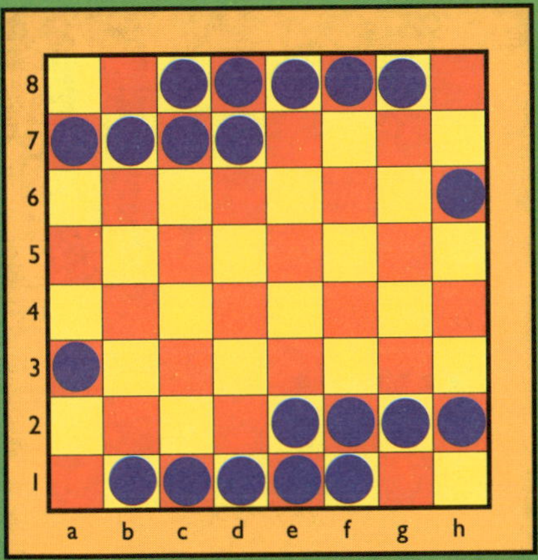

81

难度：●●●●●●●●○○
要求：👁 ✎
完成：☐ 时间：________

混乱的帽子

三个人把帽子寄放在剧院的寄存处，但服务员把它们搞乱了。演出结束后，三个人分别取走了帽子。请问，他们每人都取到自己帽子的概率是多少？

82

难度：●●●●●●●○○○
要求：👁 ✎
完成：☐ 时间：________

字母密码

你能从下面的这些字母中找出苏格拉底的留言吗？

AFGTRYT SUGYUJO SDNYTVB MKRRDVB UPMPLKM SVFETVH
ATGTRHT SEGYURO SDEY–IB MKSRDVB U–OPLNM SVLETYH

HGNDCTY RTUIOMK LMCZSTU WETYUNV OKPLMNH SEFTCVG
–ONDNTY REUI–GK LOCZOTU WDTY–KV ONPLMOH SWFTCLG

FJWBNMK DEVNKOL LPNMSGE KERTYUN SEFTRYV XDCVFRE
FEWBDMK DGVNEOL L–AMSNE KDRT–ON SNFTREV X–EVFVE

SEDCFVG YUOPLKM VBRHTRF CDFRTYU DEVBPKO POUKJHY
SIDCFVG YLOP–IM VBGHTNF COFRTRU DAVBNKO POCKJEY

WERTYFD DFGYHUO BNMKOPX CVBNJUY FRGVBHU VBNJKOP
W–STYFD DOGYCUO BRMKAPX CTBNJEY FRGSBHU VBNJKOP

83

难度：●●●●●●●●○○
要求：👁 ✎
完成：□ 时间：________

角落里的硬币

如果你随机地掷一枚硬币（硬币比图上的方格小），它落在大正方形一个方格里的概率是多少？

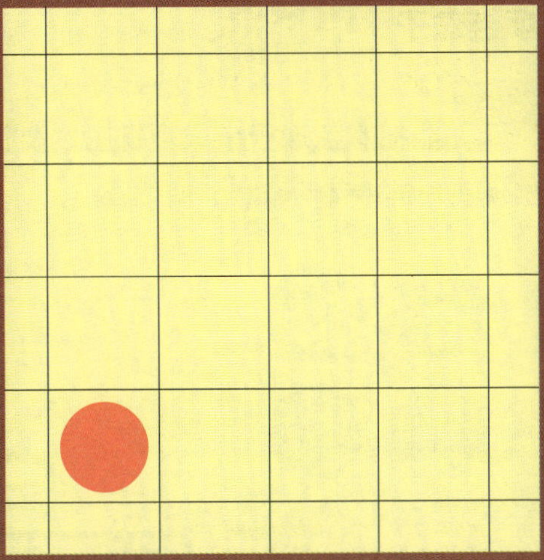

84

难度：●●●●●●●○○○
要求：👁 ✎
完成：□ 时间：________

因数

在黑板上，老师演示了数字6的四个因数，即1、2、3、6。在1到100之间，有五个整数正好有12个因数。你能快速找到这五个整数吗？

85

难度：●●●●●●●●●●
要求：👁 ✎
完成：☐ 时间：________

项链珠子

你能把彩色珠子串成项链吗？要使每一对珠子的颜色都出现在项链中某两个相邻的位置上，你能做到吗？

86

难度：●●●●●○○○○○
要求：👁 ✎
完成：□ 时间：________

金条

一根金条长 31 厘米。现在要把它切成几段，使其中的一段或几段能够构成长为 1~31 厘米中任何整数的金条。要怎么切？

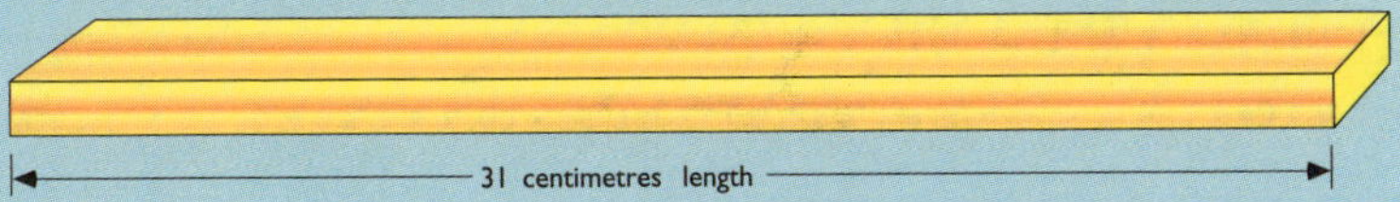

87

难度：●●●○○○○○○○
要求：👁 ✎
完成：□ 时间：________

穿越正方形

不能重复画过的线，也不能穿过画好的线，你能一笔画过这五个正方形吗？

88

难度：●●●●●●●●●●
要求：👁 ✏
完成：☐ 时间：________

迷失山洞

五名游客在一个由山洞组成的迷宫中迷路了。每两个山洞之间的通路都标有红色或蓝色的箭头。他们的导游在迷宫外面，不知道他们各自的具体位置。但是，导游叫游客按照他给的顺序，沿着红色或蓝色的通路走。最后，所有游客都走到了同一个山洞。导游把他们接了出来。

你知道导游给他们说的顺序是什么吗？

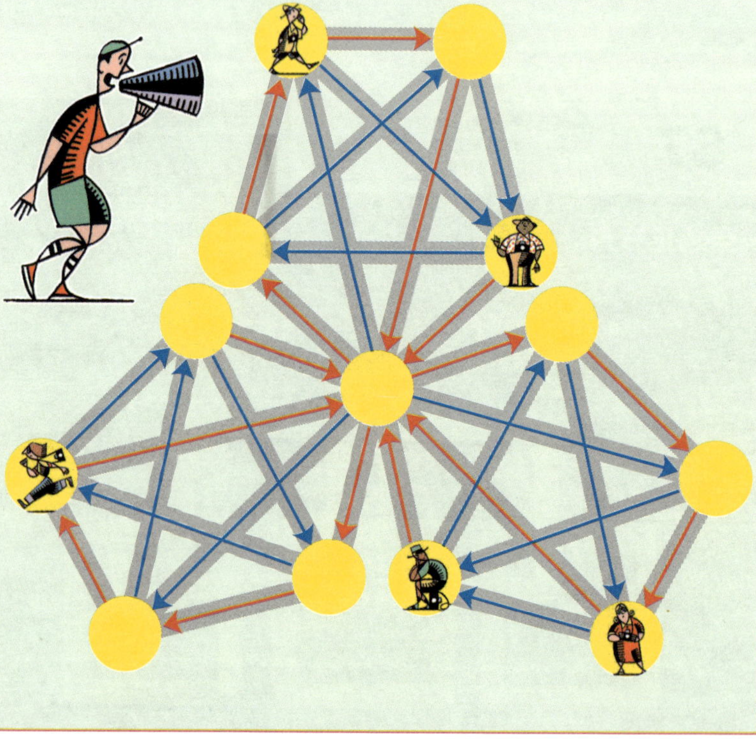

2

几何

89

难度：●●●●●●○○○○
要求：
完成：□ 时间：________

立方视图

下图是一个由七个小立方体组成的物体的五个视图。你能画出这个物体吗？

90

难度：●●●●●●●○○○
要求：👁 ✎
完成：□ 时间：________

阴影花园

花园有 12 堵墙，在花园的中心有盏灯，这盏灯可以同时照亮这 12 堵墙。现在想重新设计花园，这盏灯依然放在中心，但每一堵墙的部分或全部要在阴影中，而且墙必须是直的，但墙面长度不一定要相同。你能办到吗？

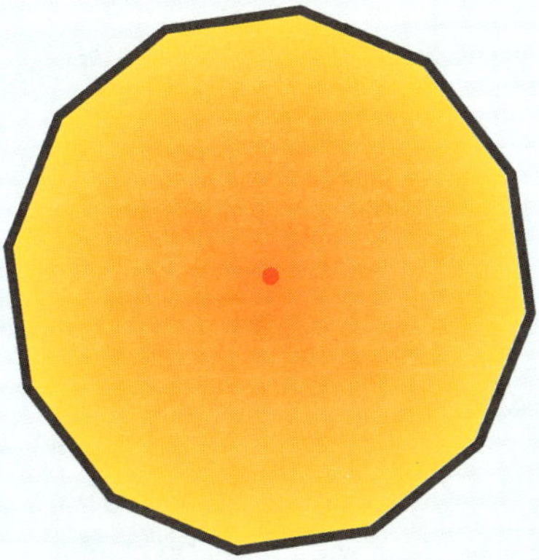

91

难度：●●●●●○○○○○
要求：👁 ✎
完成：□ 时间：________

古怪的物体

你能否设计出一个既是圆形、三角形的，又是正方形的物体？同时，这个物体可以穿过如图所示的这三个洞。

92

难度：●●●●●●○○○○
要求：
完成：□ 时间：________

多视图

当你坐飞机飞在城市的上空，俯视下的建筑物与它们在你面前时的样子大不相同，这些建筑物并没有任何改变，只是我们的视角不同罢了。平面图表示建筑在地面上的布局方式；前视图代表建筑物从正面看的样子；透视图将前面两种视图结合起来，并形成一个更加真实的建筑视图。

这里有16个不同的物体，从正面看，它们只呈现出四种不同类型的视图；从上往下看，它们也呈现出四种不同类型的视图。而每一个前视图相同的物体有着不同的俯视图。

你能把每个物体与其适当的前视图和俯视图相匹配吗？

16

15

14

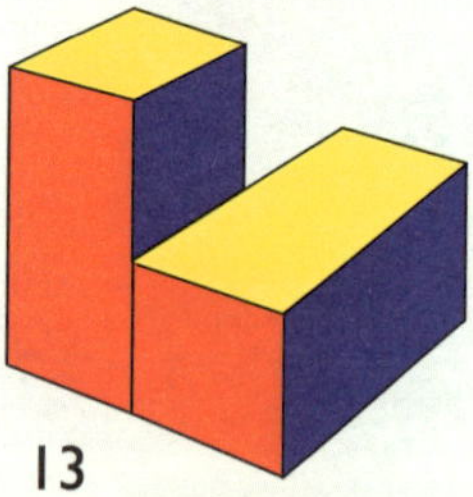
13

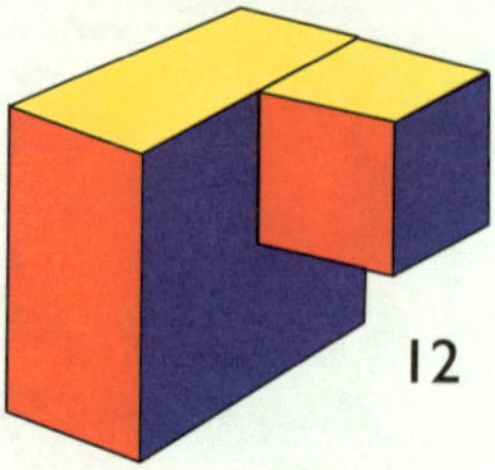
12

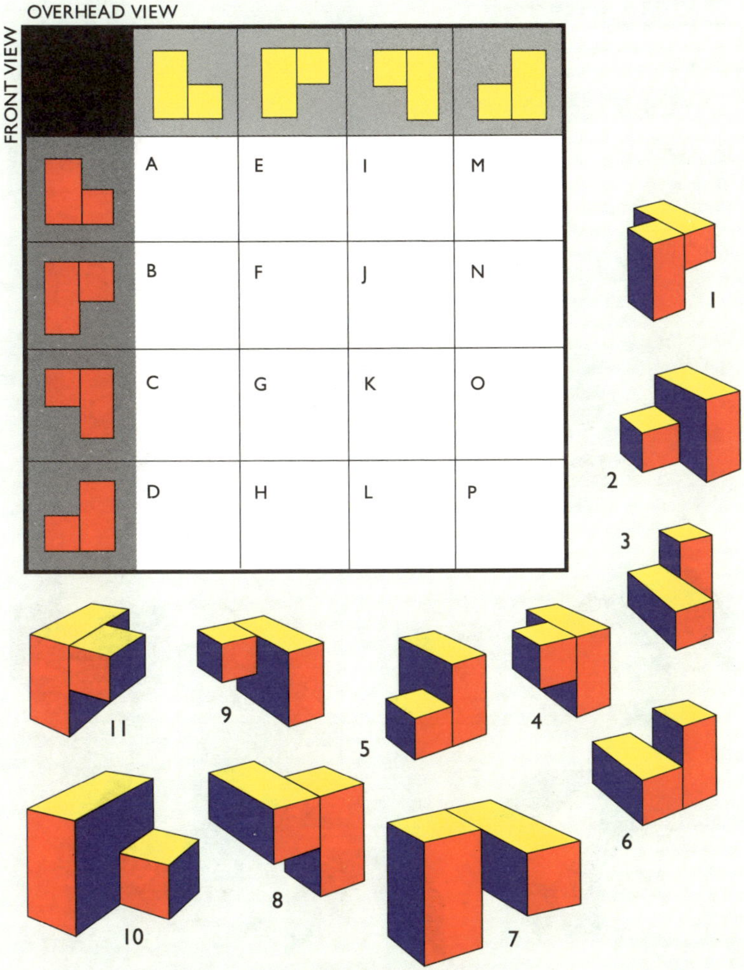
OVERHEAD VIEW
FRONT VIEW
A
E
I
M
B
F
J
N
C
G
K
O
D
H
L
P
1
2
3
4
5
6
7
8
9
10
11

93

难度：●●●●●●●●●●
要求：👁 ✎
完成：□ 时间：________

透视图中的立方体

如图所示，有八个涂有颜色的立方体，而这些立方体的轮廓都是沿着空白图形中的线画出来的。你能否重新沿着这些线画出每一个轮廓图形？

94

难度：●●●●●●○○○○
要求：👁 ✎
完成：□ 时间：________

上色

如图所示，这 16 个白色物体分别由两个立方体和一个楔子组成。根据图中给出的立方体和楔子（楔子平行的两面是绿色，遮住的两面是白色）作参考，画出这 16 个物体的颜色。

95

难度：●●●○○○○○○○
要求：👁
完成：□ 时间：________

折叠图纸

如图所示，每一组都有图纸和立体物，请仔细观察哪个立体物是从给出的图纸折叠得到的？

96

难度：●●●●●●●●●●
要求：👁
完成：□ 时间：________

另一个观察角度

这是一个变形了的图像，它被以某种方式扭曲了，只有在适当的角度才能看明白。你能说出这幅图像是什么吗？

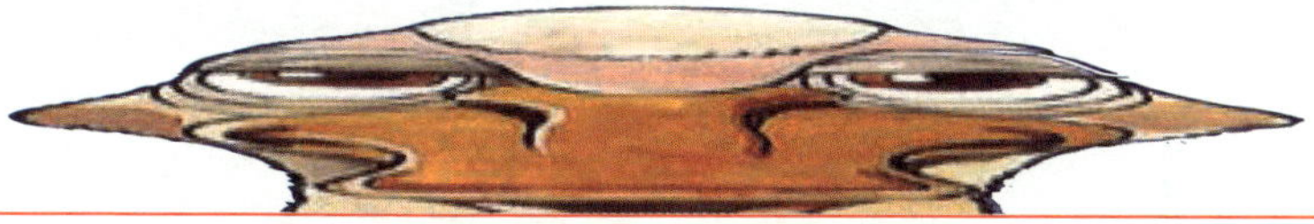

97

难度：●●●●●●●●●●
要求：👁 ✏
完成：□ 时间：________

艺术品

一位艺术家把彩色纸粘在了一个框架上，完成了作品。而大多数人看到这个作品都感到很混乱。其实，只要从左边的红点（如图所示）看过去，你就能想像出它像什么了。

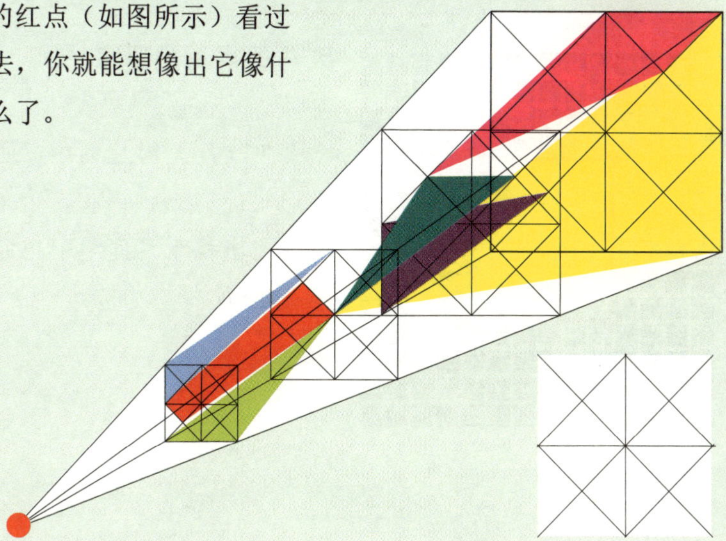

98

难度：●●○○○○○○○○
要求：👁 ✎
完成：□ 时间：________

杨辉三角

这是著名的杨辉三角，你能发现其中的规律吗？请填完最后两行，并试着填更多行。

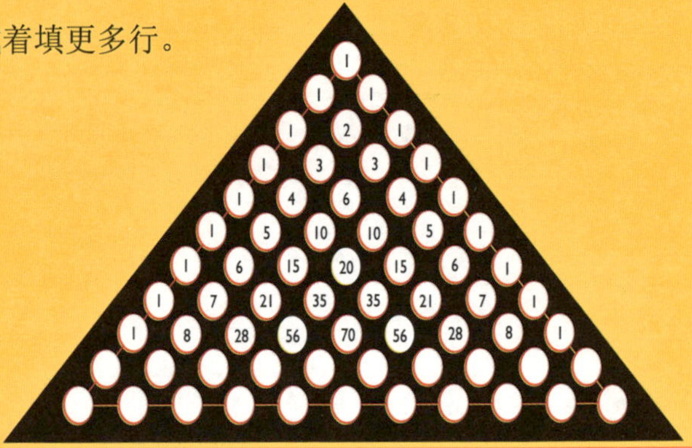

99

难度：●●●●●●●○○○
要求：👁 ✎
完成：□ 时间：________

欧几里得与出租车

在欧几里得几何中，正方形只能有一种形状。这条规则在出租车几何学中也同样成立吗？

100

难度：●●●●●●○○○○
要求：👁 ✎
完成：☐ 时间：________

出租车路线

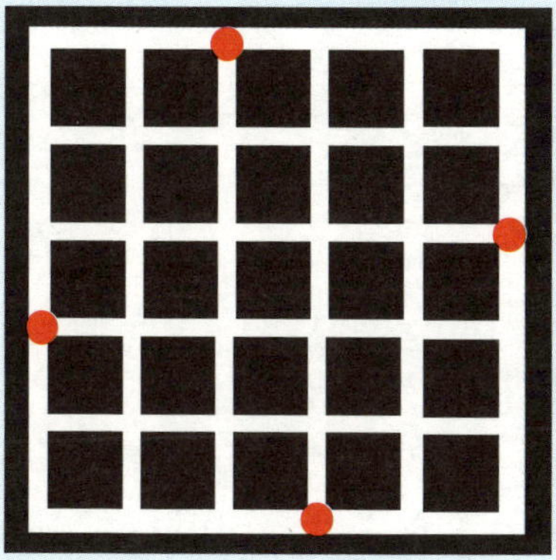

想像你在方格城市中驾驶着出租车，你要先后去三个地方然后再回到车库。如图所示，点 1 的是车库，点 2、点 3、点 4 是接人的地点。请你找出完成这项任务的最短路径。

101

难度：●●●●●○○○○○
要求：👁 ✎
完成：☐ 时间：________

最近的路

如图所示，在这个城市街区，一个人住在 A 点，在 B 点工作。他从家去办公室的最短路线是哪条？他可以走多少条不同的路线？

102

难度：●●●●●●●●●●
要求：👁 ✎
完成：☐ 时间：________

出租车几何圆

在方格城市中你只能沿着街区移动。那是不是意味着它不可能有圆？

假设在方格城市中六个街区的长度为 1 千米。你从城市的中心出发走 1 千米，你将会到达哪里？

你可以向东行走六个街区然后停下；你也可以往东走五个街区再往北走一个街区；或者往东走四个街区再往北走两个街区。所有这些点都落在半径为 1 千米 的“出租车圈”上。你能给出这样一个圆的形状吗？

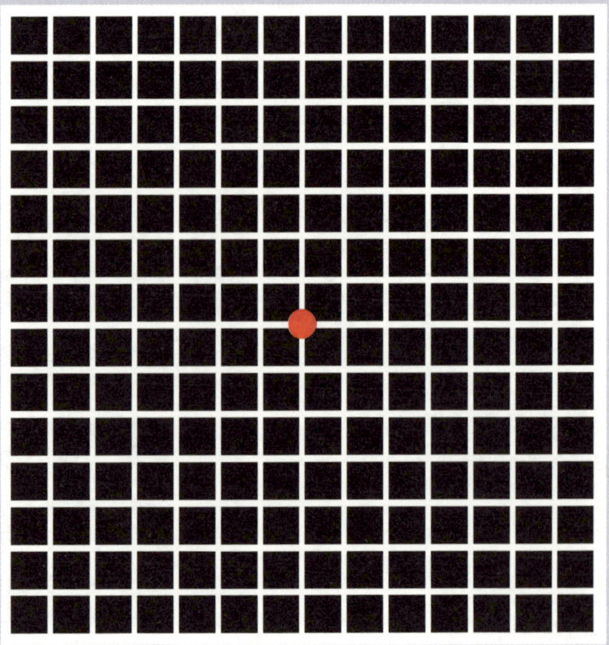

103

难度：●●●●●●●●●●
要求：👁 📄 ✂
完成：☐ 时间：________

消失的脸之谜

复印并裁下这36块小卡片，并将它们放在一个6×6的方格中。如图所示，现在，有12张完整的脸：五张笑脸，七张愁脸。你能重新摆放这些小卡片，拼出13张脸：四张笑脸和九张愁脸吗？然后，你能否改变表情，使九张是笑脸，四张是愁脸？或者九张是笑脸，三张是愁脸？

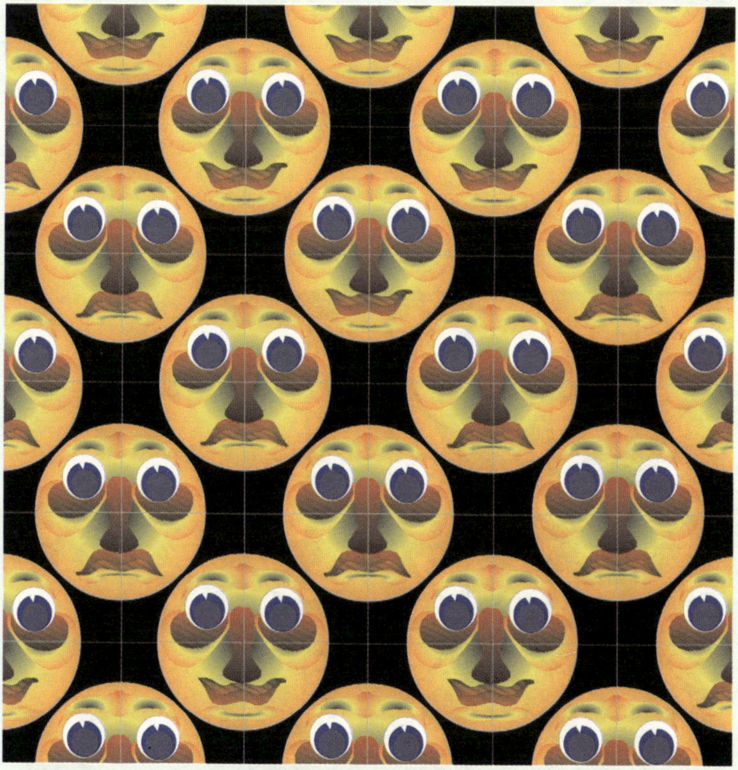

104 难度：●●●●●●●●●●● 要求：👁 完成：□ 时间：________

关于“消失的脸”的游戏

“消失的脸”问题中的小卡片很适合几个人一起游戏。游戏的目的是让每一个玩家从他的角度拼成笑脸。最多四个人参加，方格的四周各坐一人。将小卡片背面朝上，混在一起。玩家轮流挑一片，然后将它安放在已经放上去的小卡片边上。每一片放好的小卡片必须与边上的小卡片匹配成一张适当的脸。游戏结束后计分。玩家每拼出一张笑脸加一分，每拼出一张愁脸扣一分。

如图所示中，游戏已经结束，任何一片都不能再放到方格上了。没有人最后赢了。其中，一个玩家面对着两张笑脸和三张愁脸，得到 -1 分；其他三个玩家每人面对一张笑脸，均得 1 分。而一些混合的或不完整的脸不能计入最后的分数。

105 | 难度：●●●●●●●○○○○
要求：👁
完成：□ 时间：______

平地国的等级制度

在艾德温·阿博特的小说《平地：多维度的浪漫》一书中，人们被迫生活在两个维度空间中，却无法意识到还有第三个维度。女人是直线，士兵和工人是等腰三角形，中产阶级是等边三角形，专家教授不是正方形就是五边形，富人是六边形，阶级制度中的最高阶层高级牧师是圆形。

由于女人是一维的直线，所以她们从某些角度是看不见的，而且碰到还可能会有危险。你认为书中的平地国人该如何避免遇到这个问题？

106

难度：●●●●●●●●●●
要求：◉
完成：□ 时间：________

平地国的灾难

平地国人的感觉限制在二维中。如果某个人从他们的世界上面的某一点观察他们，平地国人将无法看到那名观察者。如果你扔一个球到平地国的二维平面上会怎样呢？你能准确描述他们将看到些什么吗？

107

难度：●●●●●●●●●●
要求：◉
完成：□ 时间：________

平地国游乐场

这两个平地国的小孩子，他们俩除了在一起玩，其他时候总是哭。不把他们中一个从婴儿床上抱出来，也不把另一个从高脚椅上抱下来，你能让他们开心吗？

108

难度：●●●●●●○○○○
要求：👁
完成：□ 时间：________

立方体方向

平面上，一个立方体转1/4圈占据的仍然是原来那个空间。如果是这样，一个平面上的立方体可以有多少种不同的旋转方向呢？

为了帮助你思考，如图所示，右侧是立方体的展开图。

109

难度：●●●●●●●○○○
要求：👁
完成：□ 时间：________

十二面体的方向

一个正十二面体是一个由12个正五边形的面组成的正多面体。古代毕达哥拉斯派的学者发现正十二面体时，他们把它作为一个天大的秘密守护着，任何发现它存在的人都会被判死刑。

如果平面上的一个正十二面体转72度，它将占据原来的空间。这样的话，平面上的正十二面体可以有多少种不同的旋转方向呢？

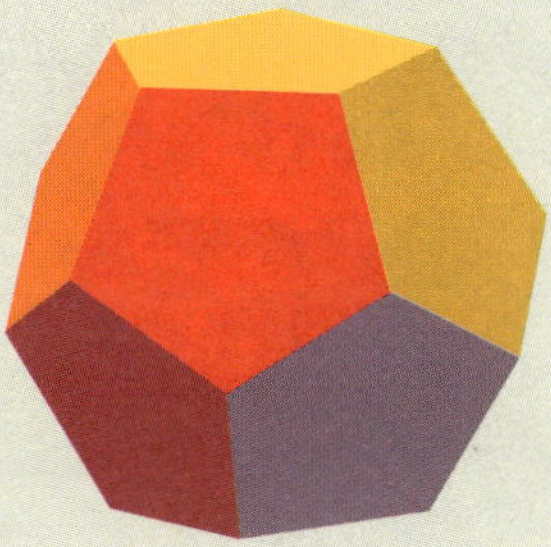

110

难度：●●●●●●●●●●
要求：👁 ✎
完成：□ 时间：________

对称的正方形

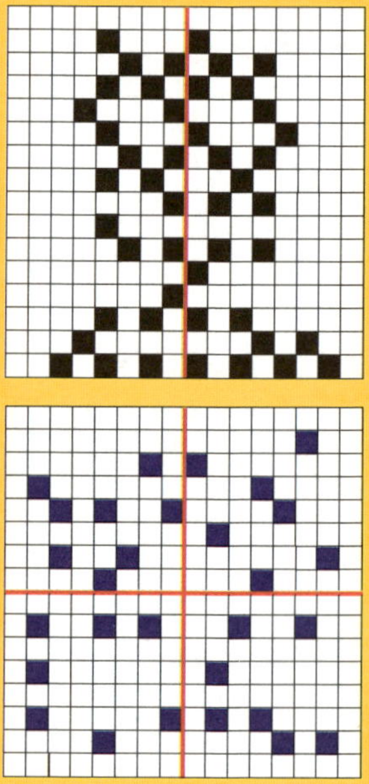

如图所示，这两幅图都是对称的，只是一些小正方形被擦去了。

在上图中，仔细观察黑方块与对称轴的相对位置，就能够填出图中剩下的部分。

在下图中，仔细观察蓝方块与两条对称轴的相对位置，也能够填出图中剩下的部分。

111

难度：●●●●●●●●●●
要求：👁 ✎ 📄 ✂
完成：□ 时间：________

正方形和星形

剪下一个正方形和一个星形，并如图所示将它们的两面都涂上颜色，确保红色区域的正反两面都是红色，黄色区域也是一样。

你能用几种不同的方式将正方形和星形分别放在下边的轮廓上？

112

难度：●●●●●●●●●●
要求：👁
完成：☐ 时间：________

放硬币

两个玩家轮流将相同的硬币放在圆桌上。不能遮住其他硬币，当桌子上不能再放上硬币时，将要放硬币的人就输了。你能否设计一个战略，不管桌子有多大，某个玩家总是赢？

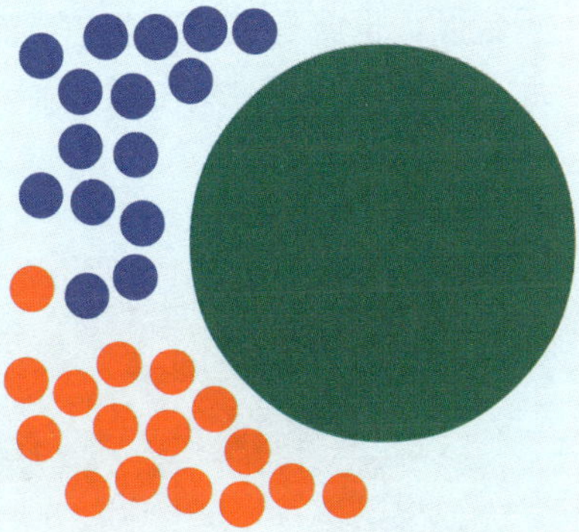

113

难度：●●●●●●●●●●
要求：👁 ✎
完成：☐ 时间：________

对称的地板

这块地板是用相同的方块铺成的，每个方块沿对角线分成红色和黄色两部分。如果要想使地板关于红色的轴对称，那么你能否补完剩下的方块，做出整个图样？

114　难度：●●●●●●●●●●
要求：👁
完成：□　时间：________

反转镜像

假设这个图中每一行的小图片是它们左边的小图片的倒置镜像。也就是说，颜色相反而小图片沿纵轴翻转。那么，有哪个小图片没有遵循这条规则？

115 难度：●●●●●●○○○○
要求：👁
完成：□ 时间：________

图形进洞

七个平面形状可以用几种不同的方式放到它右边对应的洞里？将每个形状看成立体的，它们有相当的厚度来进行各种操作。

（图注：isosceles triangle 等腰三角形；scalene triangle：不规则三角形；equilateral triangle：等边三角形；square：正方形；greek cross：希腊十字；thombus：菱形；parallelogram：平行四边形。）

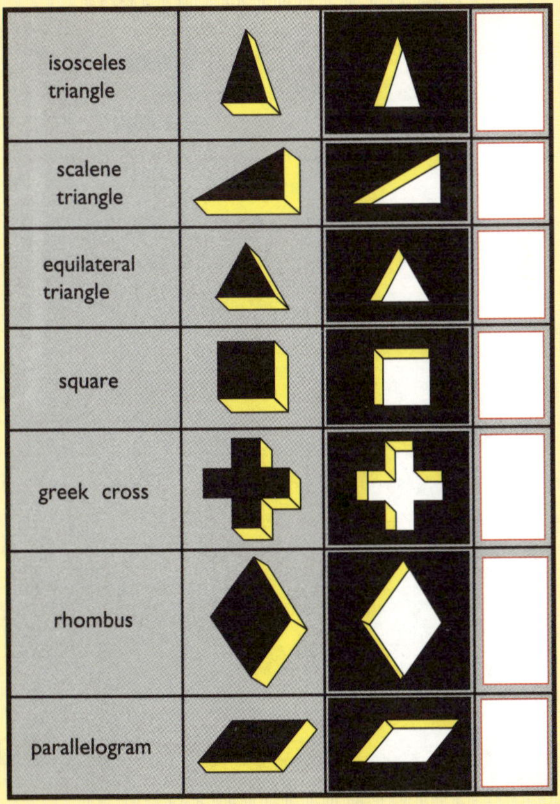

116

难度：●●●●●●●●●●

要求：

完成：□ 时间：________

字母 1

红色的字母有什么共同点？蓝色的字母又有什么共同点？

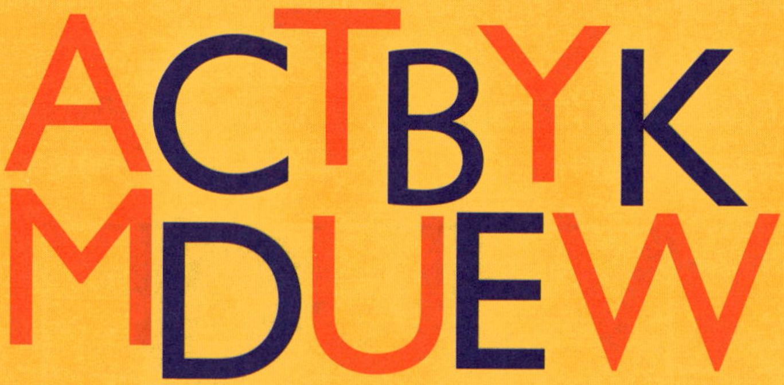

117

难度：●●●●●●●●●●

要求：

完成：□ 时间：________

找对称轴

如图所示，找到并画出每个图形的对称轴，有没有哪个图形不是对称的？哪个图形的对称轴最多？

118

难度：●●●●●○○○○○
要求：👁 ✎
完成：☐ 时间：________

对称工艺

这幅图中的三条红线标记的是旋转对称。图中大多数有颜色的部分被擦掉了。请你根据对称规则来复原图片。

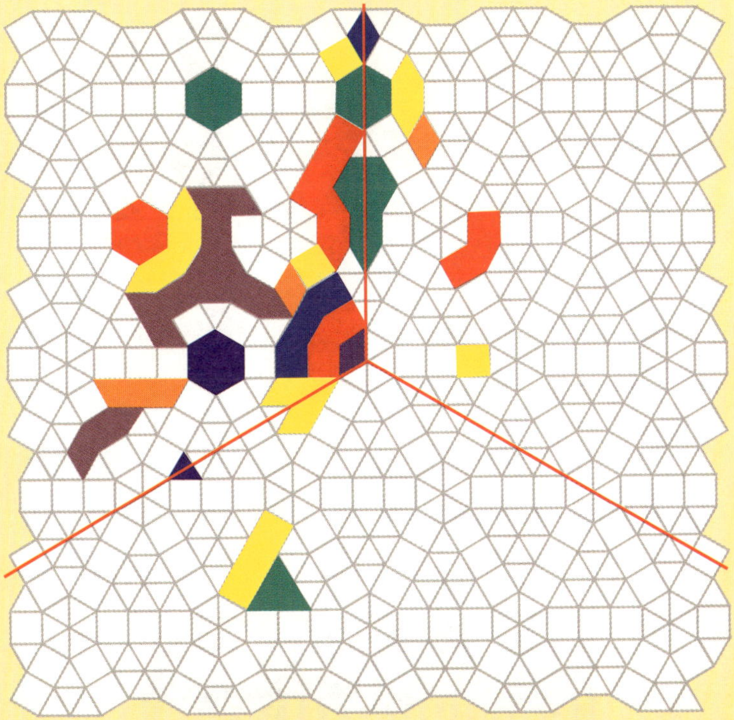

119

难度：●●●●●●●●●●
要求：
完成：□ 时间：________

对称字母

你能画出 26 个英文大写字母的对称轴吗？如果字母是旋转对称，就画出对称点。

A B C D
E F G H
I J K L
M N O
P Q R S
T U V W
X Y Z

120

难度：●●●●●●●●●●
要求：
完成：□ 时间：________

神秘符号

你能依据这些神秘符号，破译出这个秘密的单词吗？一面小镜子也许会对你有帮助。

121

难度：●●●○○○○○○○
要求：
完成：□ 时间：________

字母 2

红色字母和蓝色字母之间的区别是什么？

122

难度：●●●○○○○○○○
要求：
完成：□ 时间：________

字母 3

红色字母和蓝色字母之间的区别是什么？

123 | 难度：●●●●●●●●●● 要求：👁 📄 ✂ 完成：☐ 时间：________

变脸游戏

做一套下面所示的 14 张小图片，并把它们放在原始图中。

游戏的目的是将开始的图形转变成右下方卡片中 12 张脸中的一张。玩家轮流垂直或水平移动两片（或以上）小图片到空格子——任何时候都要注意保持图形的对称。任何一个图片都不能离开 4×4 的格子，但几个小图片可以同时移动，这些小片填补其他小片移走后留下的空缺。每个玩家每轮可以移动 5 次。每当一个玩家重塑出卡片上的某张脸，他就获得一张卡片。获得卡片最多的人就是最后的赢家。根据游戏规则，在 12 张脸中，哪一张不可能完成的？

124

难度：●●●●●●●●○○
要求：👁 ✎
完成：□ 时间：________

黄金图形

在一个正五边形里画出所有的对角线，就会出现一个五角星。自然界里到处都有五边形对称，比如海星，所以它也被称为生命的对称。

黄金矩形和黄金三角形的秘密在于五角星，它成为毕达哥拉斯及其追随者的神秘象征。要理解它的神秘，就要计算出五边形边长与五角星边长的比值。你能试着算一下吗？

125

难度：●●●●●●●○○○
要求：👁 ✎
完成：□ 时间：________

立方体的对称

立方体有比二维图形更多的旋转对称。你能找出所有的旋转对称吗？

126 难度：●●●●●●●●●● 要求：👁 ✎ 完成：□ 时间：________

形状游戏

游戏中要用到两块板：一块刻有洞的固定的基板（右下）和一块相似的板放在它上面并可绕中心旋转（左下）。最初旋转的板上的洞有 64 个形状、16 个正方形、16 个等腰直角三角形、16 个圆和 16 个半圆。

想像一下，旋转的板旋转一整圈，一些形状会掉下去；其他一些会在顺时针旋转 1/4 圈后掉下去。更多的会在转过半圈后掉下去。你能填完下一页表格中每转 1/4 圈后每种形状掉下去的数目吗？你能否发现转完一整圈后，还有哪些形状没掉下去吗？

（表格中从上往下依次为：最初顶上各种形状的数目；形状；最初掉下去的各种形状的数目；顺时针转 1/4 圈后，掉下去的各种形状的数目；顺时针转半圈后，掉下去的各种形状的数目；顺时针转 3/4 圈，后掉下去的各种形状的数目：转完一圈后，还剩下的各种形状的数目；没掉下去的各种形状的数目。）

Number of shapes initially on top	16	16	16	16
SHAPES				
Number of shapes initially falling through				
Number of shapes falling through after 1/4 turn clockwise				
Number of shapes falling through after 1/2 turn clockwise				
Number of shapes falling through after				
Number of shapes falling through one				
Number of shapes staying				

127 难度：●●●●●●●●●● 要求：👁 📄 ✂ 完成：□ 时间：________

轴对称游戏

将下边所示的图样复印10份并剪下：1个等边三角形、1个正方形、1个正五边形和1个正六边形。将这些形状混起来并堆成一堆。

现在，我们来做一个对称的图样。玩家轮流从堆里挑出最上面的两个形状，并把它们放在已经放好的形状边上，边和边要相连，一直让这个图形保持轴对称。不能被对称地放上的形状就放在一边。当所有的形状都被用完了，游戏就结束了。谁手里剩余的形状少，谁就是赢家。

在这个游戏样本中，一个玩家输了，因为他无法放上最后一个蓝色的正方形。

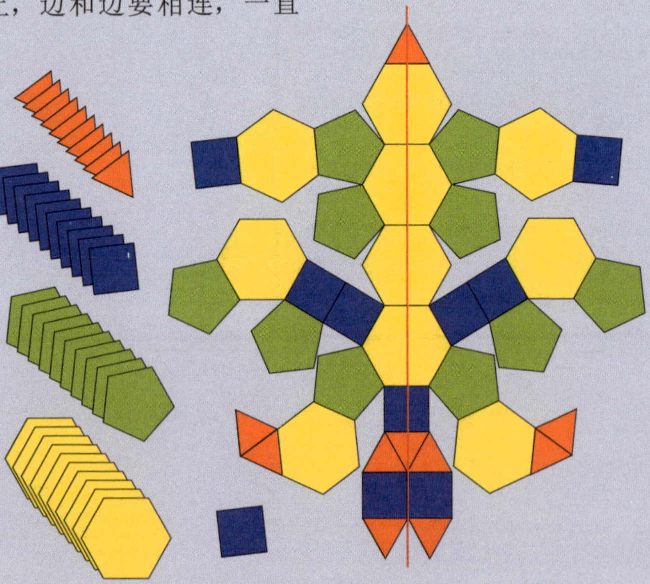

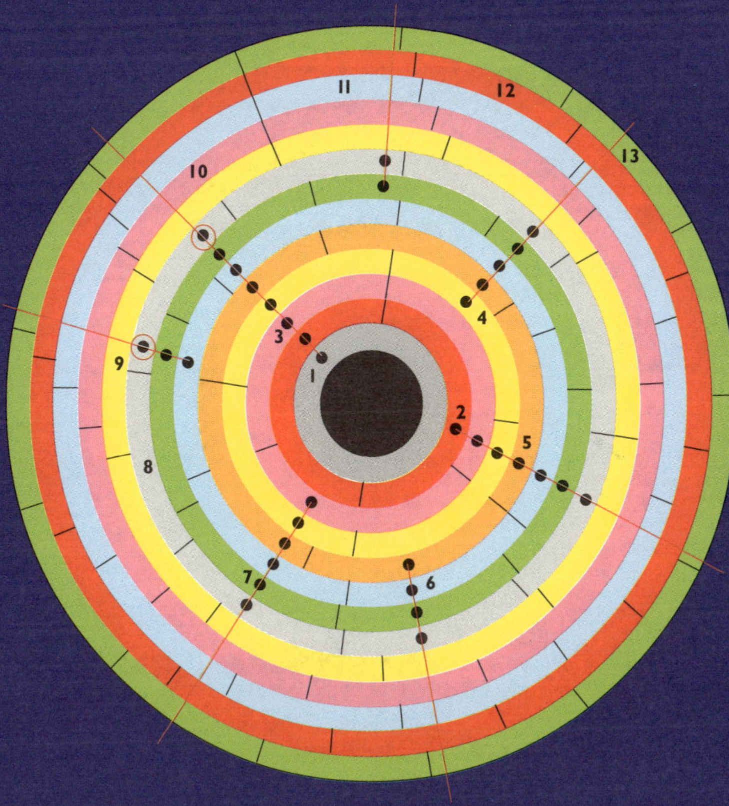

3

点和直线

128

难度：●●●●●●●●●●
要求：
完成：□ 时间：________

种树游戏

想像有一块圆而狭长的土地，上面有人种了一棵树。将这块狭长的土地对半分，在没有树的那一半地上也种一棵树。然后将地分成三块，在第三块没有树的地上再种一棵树。

你能一直这样做多久？你能否将地分 13 次，使得每块地都有一棵树？

左下方所示的图形描绘了 13 个同心圆，但这只是为了方便。它实际上就是被分割后的条形土地。

双人游戏可以用这样玩：玩家可以轮流放上标记（象征种树），直到一个玩家无法在一块空地上种树，游戏结束。

右下方的样本游戏在八轮之后结束，因为一个部分出现了两个标记。

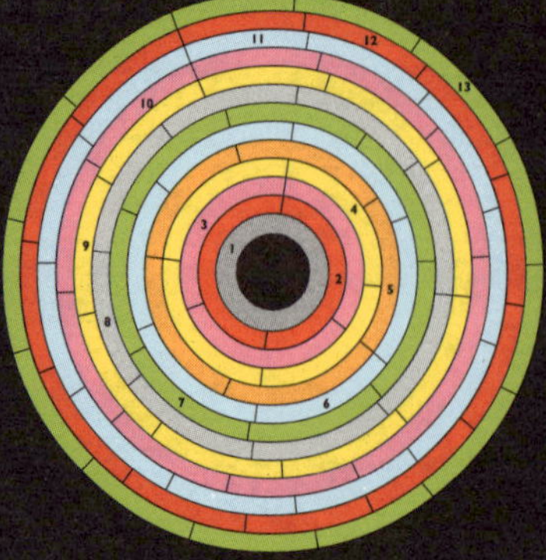

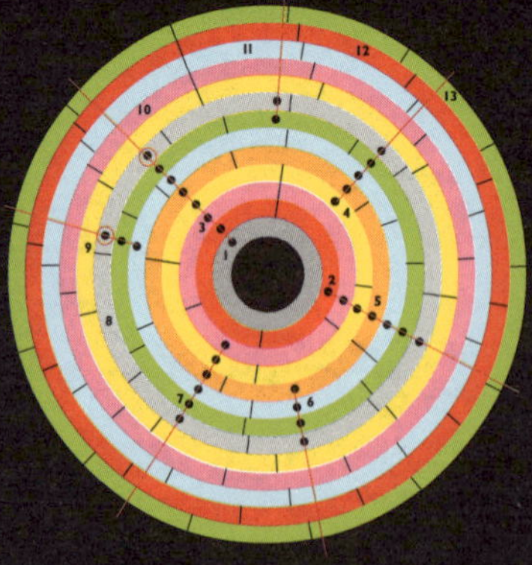

129

难度：●●●●●●●●●●
要求：👁
完成：□ 时间：________

匹配矩阵

将矩阵顶部的直线样式与矩阵左边的直线样式相结合，就得到了一个新的样式。但是，结合过程中出现了一些错误。你能把它们都找出来吗？

130

难度：●●●●●●●●●●
要求：👁 ✎
完成：□ 时间：________

六条直线

右边图形中的6条直线围成了8个三角形，这8个三角形共有3种不同的大小。你能否设计一种方法，画6条直线使得它们围成只有两种大小的8个三角形？

131

难度：●●●●●●●●●●
要求：👁 ✏
完成：☐ 时间：________

直线和三角形

3 条直线可以围成 1 个三角形；4 条直线可以围成 4 个三角形。请你在图中再加两条直线，围出 10 个三角形。

132

难度：●●●●●●○○○○
要求：👁
完成：☐ 时间：________

旋转的直线

这些有颜色的直线已经画在转盘上。当转盘旋转时，这些直线会变得模糊并呈现出新的样式。想像一下，下面四个转盘旋转时会是什么样子？

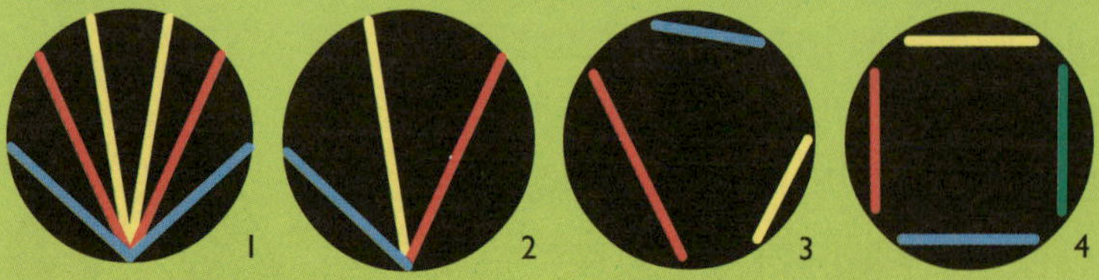

133

难度：●●●●●○○○○○
要求：👁 ✏
完成：☐ 时间：________

高斯三角形 1

画 6 条连续的直线，你能画出几个没有重叠的三角形？你能比这个例子做得更好吗？

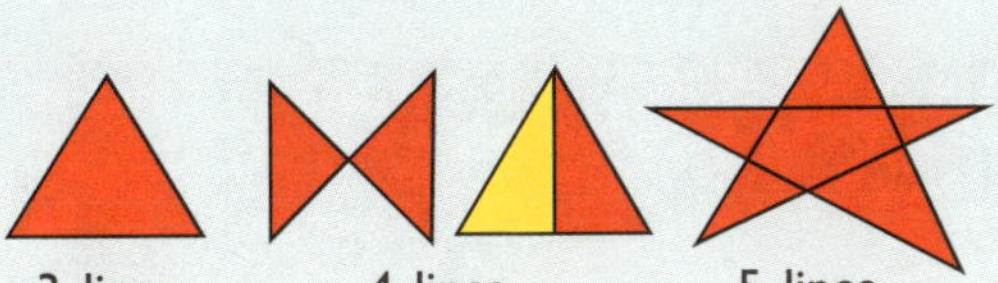

134

难度：●●●●●●○○○○
要求：👁
完成：☐ 时间：________

里面还是外面

黑线构成了一个连续的环形，你能指出哪些点在环形里面，哪些点在环形外面吗？有一个比沿着环形走“迷宫”更好的方法。

135 难度：●●●●●●●●●● 要求：👁 ✎ 完成：□ 时间：________

帕普斯定理

画 2 条线，在每条线上随机选取 3 个点。再把这 6 个点分成 2 个点一组的 3 组，每组用直线连起来。标记这些线的 3 个交点，你会发现 3 个交点在同一条直线上。在所有的情况下都是这样吗？

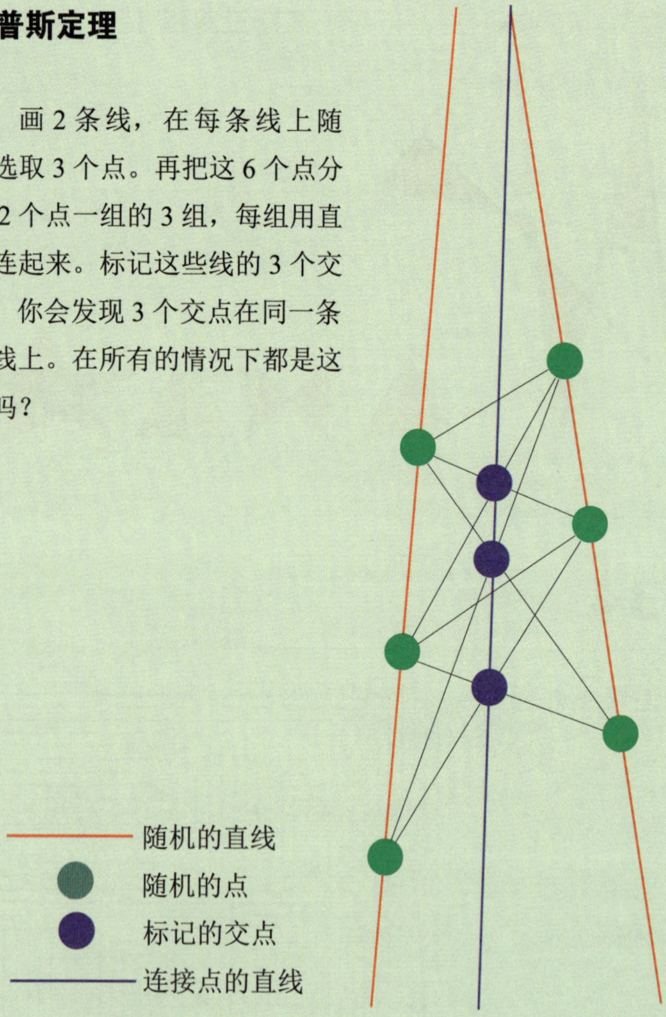

136

难度：●●○○○○○○○○
要求：👁
完成：□ 时间：________

哪种多边形

凸多边形是指，多边形内部每一点与边上任何一点的直线连线不会与边相交。简单多边形是指多边形内任何直线或边都不会交叉。用这个基础信息，你能找出左边所示的图形中有几个多边形吗？

这些线或多边形中有一个与其他那些不同。你能说出是哪一个吗？

137

难度：●●●●●○○○○○
要求：👁
完成：□ 时间：________

切奶酪

你能只切 3 刀就将这个轮形的奶酪切成完全相同的 8 片吗？

138

难度：●●●●●●●○○○○
要求：👁 ✎
完成：□ 时间：________

高斯三角形 2

7 条直线可以围成几个互相不重叠的三角形？右侧的图给出了一个 6 个三角形的答案。你能做得更好吗？

139

难度：●●●●●●●○○○
要求：👁 ✎
完成：□ 时间：________

高斯三角形 3

8 条直线可以围成几个互相不重叠的三角形？下面的图给出了一个 6 个三角形的答案。你能做得更好吗？

140

难度：●●●●●○○○○○
要求：👁 ✎
完成：□ 时间：________

分割 1

如图所示，4 刀可以将一个蛋糕笔直切成 10 片。有没有可能再多切出 1 片，即将蛋糕切成 11 片？

你能得出一条通用的规则吗？

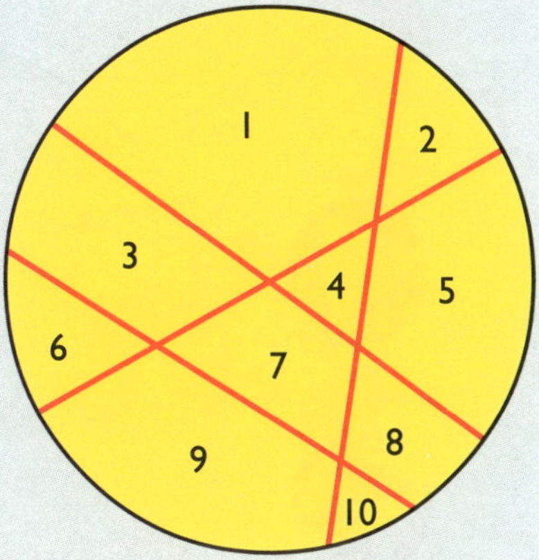

141

难度：●●●●●●○○○○
要求：👁 ✎
完成：□ 时间：________

分割 2

5 刀将一个蛋糕笔直切成 15 片。你能只用 5 刀将蛋糕切成 16 片吗？

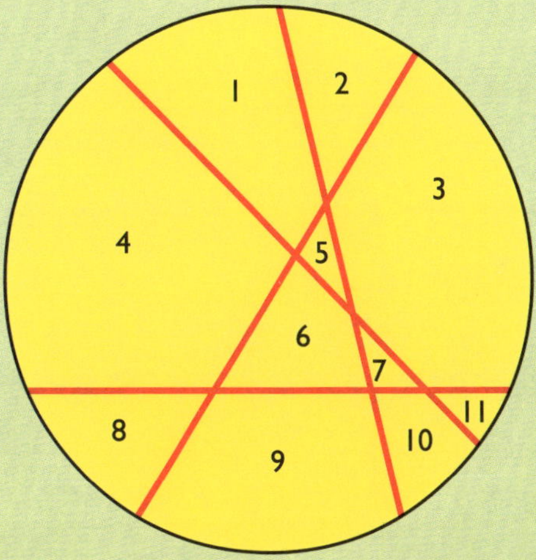

142

难度：●●●●●●●●●●
要求：👁 ✎
完成：□ 时间：________

分割 3

上面所示的圆中，在其圆周上有 6 个点。将所有点用直线连起来并数出这些连线将圆分成了几部分。

可以先预估一下答案。把在圆上随机选 2 个、3 个、4 个和 5 个点的答案都解出，然后以这个简单的增加序列为基础，估计出 6 个点的答案。

（图注：由上至下为 2 个点，2 块；3 个点，4 块；4 个点，8 块；5 个点，16 块。）

143

难度：●●●●●●●●●●
要求：👁 ✎
完成：☐ 时间：________

交叉的盒子

一个 10×14 的盒子被分成 140 个 1×1 的小盒子。一束激光从盒子右上角照射到左下角。

不用数，你能否算出激光穿过了几个小盒子？

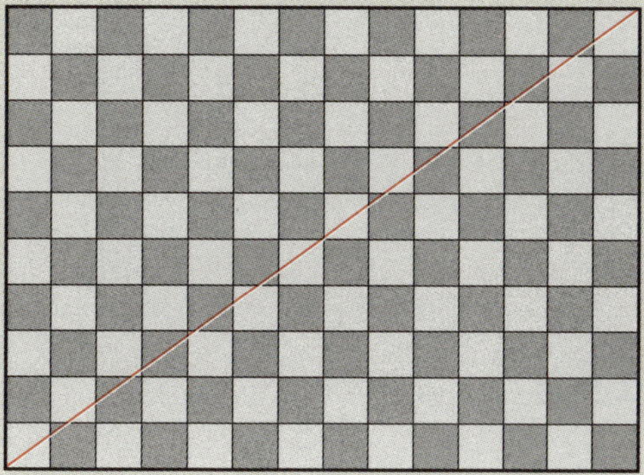

144

难度：●●●●●●●●●●
要求：👁 ✎
完成：☐ 时间：________

田野里的瓢虫

只画 4 条直线分割这个圆，圆分成 11 个部分，并且每部分中有一只瓢虫？

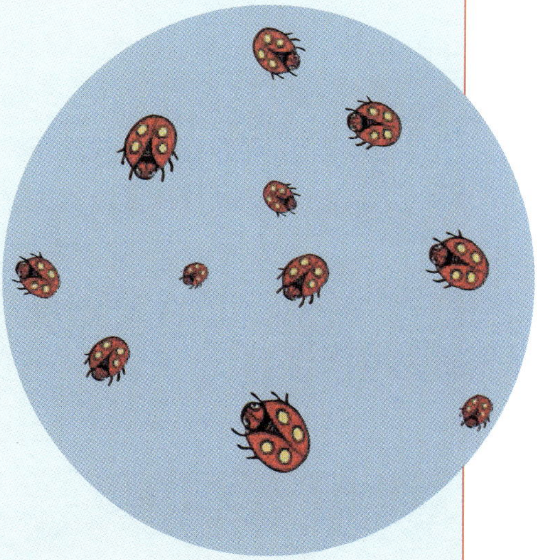

145

难度：●●●○○○○○○○
要求：👁 ✎
完成：☐ 时间：________

交点

图中所示的5条直线相交于9个不同的点。你能否画5条直线交于10个点？5条直线最多能相交于几个点？

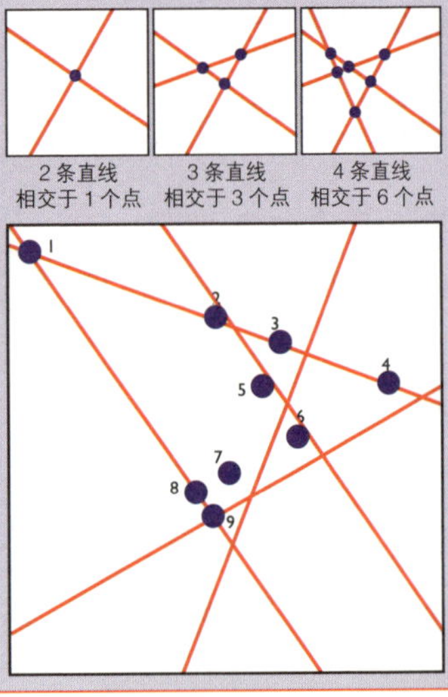

146

难度：●●●●●○○○○○
要求：👁 ✎
完成：☐ 时间：________

9个点

你能用一笔画出4条线段连接这9个点吗？

你能一笔画出3条线段解决这个问题吗？

147

难度：●●●●●●○○○○
要求：
完成：□ 时间：________

12 个点

你能一笔画出线段连接这 12 个点吗？至少需要几条线段？

148

难度：●●●●●●●○○○
要求：
完成：□ 时间：________

16 个点

你能一笔画出线段将正方形中的 16 个点连接起来吗？至少需要几条线段？

149

难度：●●○○○○○○○○
要求：👁 ✏
完成：☐ 时间：________

坐标

平面上的一个点可以用两条线的交点来定义，称之为坐标。用左侧列出的 24 个坐标在方格中定义点。然后将这些点依次连接起来，你会发现一个隐藏着的图画。

1.	9	9
2.	6	9
3.	5	10
4.	3	10
5.	2	9
6.	2	8
7.	4	7
8.	5	6
9.	1	4
10.	1	6
11.	0	3
12.	3	2
13.	4	1
14.	3	0
15.	7	0
16.	5	1
17.	4	2
18.	7	3
19.	8	5
20.	5	7
21.	6	8
22.	9	7
23.	8	8
24.	9	9

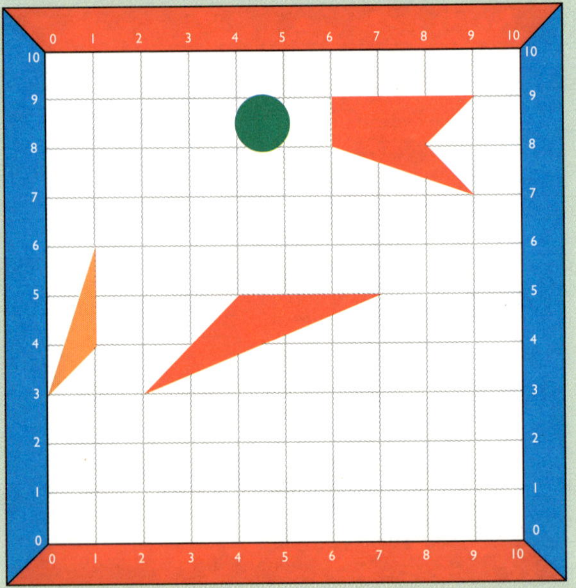

150

难度：●●●●●●●●●●
要求：👁
完成：☐ 时间：________

等距离的树

这三棵树是等距离的，也就是说，每一棵树到另外两棵的距离都相等。这是等距离树的最大数目吗？

151

难度：●●●●●●●●●●
要求：👁
完成：☐ 时间：________

拴着的狗

小狗被一根1米长的绳子拴在一棵树上。它想到它的狗食盆那儿去，盆子离它1.5米远，可是小狗跑过去开始吃起来。没有诡计，绳子没有断，树也没有弯。小狗是怎样做到的呢？

152

难度：●●●●●●●●●●
要求：👁 ✎
完成：☐ 时间：________

最长的线段

点 B 和点 C 分别是两个圆上的任意点，点 A 和点 D 是两个圆的交点。在什么情况下，线段 BAC 最长？

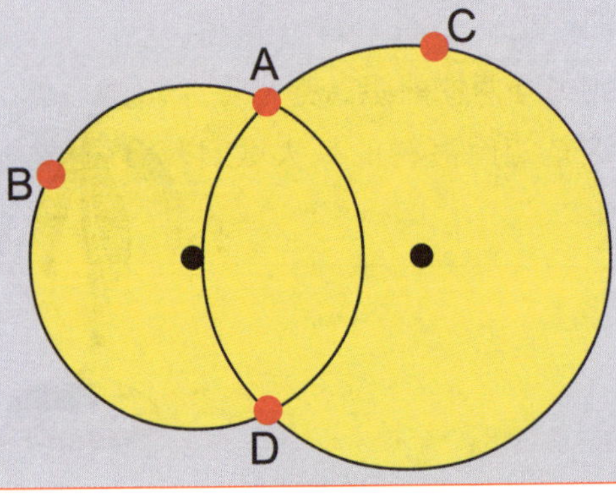

153

难度：●●●●●●●●●●
要求：👁 ✎
完成：☐ 时间：________

相交游戏

这个游戏的目的是生成尽可能多的交点。两个玩家轮流画直线，连接游戏盘边上的点；每个玩家使用不同颜色的笔。

游戏结束时，计算交点的数目。玩家穿过他自己画的线所得到的交点算两个点；穿过对手画的线所得到的交点算一个点。

154

难度：●●●●●●●○○○
要求：👁
完成：□ 时间：________

大蛇

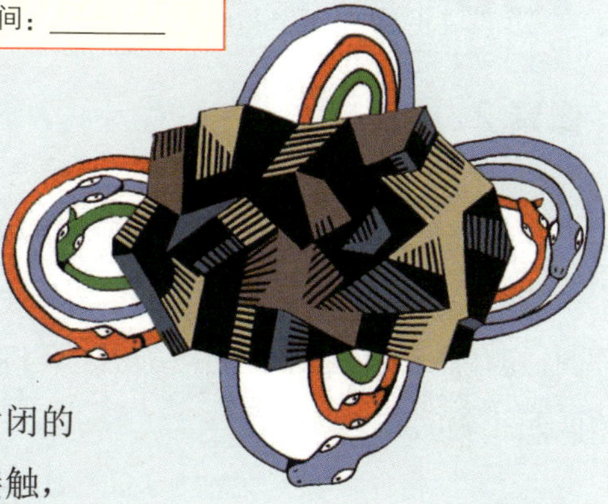

有9条蛇，其中3条红的、3条绿的和3条蓝的，在一块岩石下蜷曲成封闭的环形。这些蛇相互不接触，它们围成的环也不相交。

其中的8条蛇有一部分没遮住。仅通过观察图像，你能说出哪种颜色的蛇完全被石头遮住了吗？

155

难度：●●○○○○○○○○
要求：👁 ✎
完成：□ 时间：________

像素 1

观察研究下面两个方格图样。如果两个图样融合在一起，图像会是怎样的？

156

难度：●●●○○○○○○○
要求：👁 ✎
完成：□ 时间：________

像素 2

发挥你的想像力，将下面两个图样拼成一个图像。如果不能，试试将每个图样的像素转移到空白的格子上。仔细匹配正确的颜色和位置。

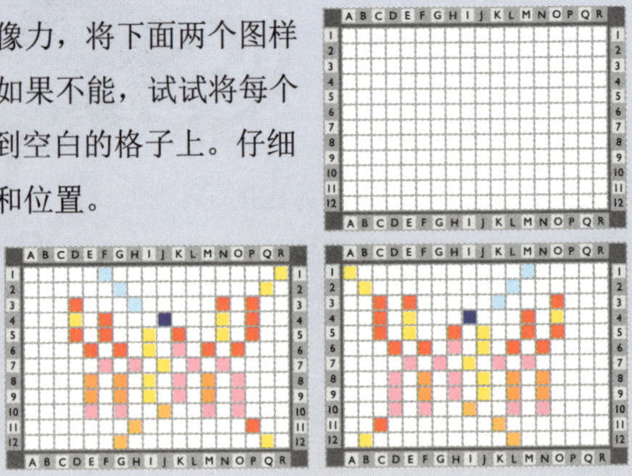

157

难度：●●●●○○○○○○
要求：👁 ✎
完成：□ 时间：________

种六棵树

一个花园里，沿着 6 条笔直的路种有 5 棵树——2 条路上有 3 棵树，4 条路上有 2 棵树。请你设计一个新的花园，里面有 6 棵树和 4 条路，每条路正好有 3 棵树。

158

难度：●●●●●●●○○○
要求：👁 ✎
完成：□ 时间：________

两种距离的组合

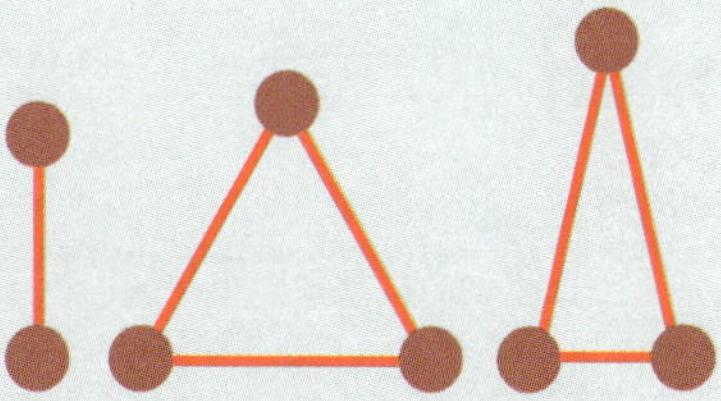

平面上的点可以相距任何距离。但一组点中两两之间正好有一个或两个分散的距离，这种点的组合是有限的。比如，两个给定的点相互间的距离只有一个，而组成等边三角形的三个点中的每一个到另外两个的距离也相等。这两个点的组合是只有一种距离的组合。

一个等腰三角形是有两种距离的组合的例子。在一个平画内，你还能发现多少其他两种距离的组合？

159

难度：●●●●●●●○○○
要求：👁 ✎
完成：□ 时间：________

三种距离的组合

下面所示的 4 个点被 6 条线段连接起来，每条线段长度不同。

你能否排列 4 个点，使得它们相互之间的连线形成只有 3 个不同长度、分散的距离——一种距离出现 3 次，一种出现 2 次，另一种只出现 1 次？这样 3 种距离的组合你能找出多少这种？

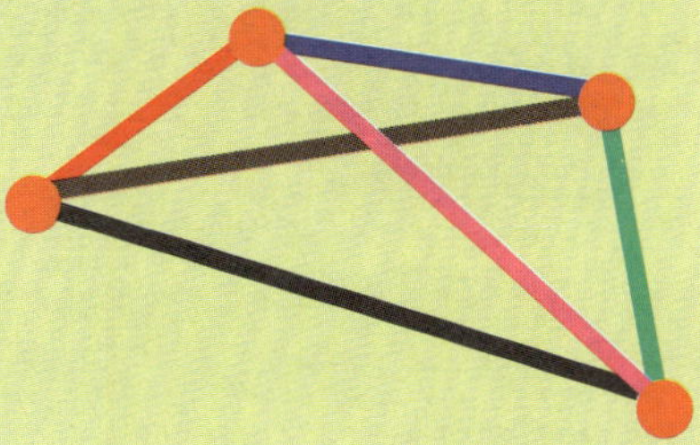

160

难度：●●●●●●●●●●
要求：👁 ✎
完成：☐ 时间：________

种玫瑰

罗斯先生想在花园里种16株玫瑰，并开始计划怎样排列它们。一开始他把玫瑰花园设计成有4排玫瑰，每排4株，这就产生了10条直线：4条垂直的、4条水平的和2条对角线，每条线上有4株玫瑰。

然后罗斯先生想到了一个更好的计划：他将沿着15条直线种这16株玫瑰，每条线上有4株。你能想出他是怎样种的吗？

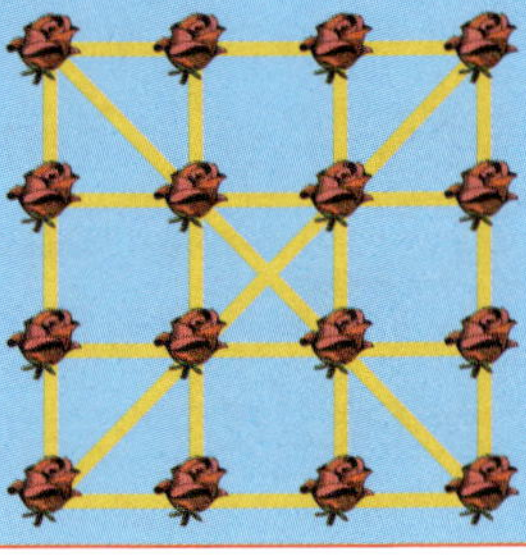

161

难度：●●●●●●●●●●
要求：👁 ✎
完成：☐ 时间：________

多种距离的组合

将这个三角形格子中的点连起来，使得连线的长度遵循这样的特征：一个长度只出现1次，另一个出现2次，还有一个出现3次，依次类推。

从右侧的黑色部分开始。试试看吧。

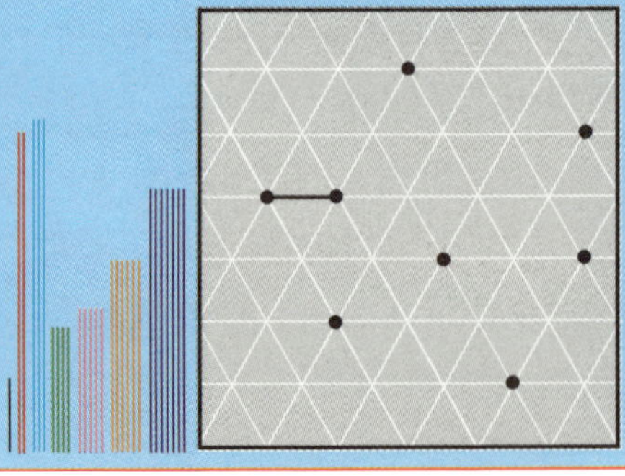

162 难度：●●●●●●●○○○ 要求：👁 完成：□ 时间：________

火柴棒拼正方形

每一列告诉你需要移动的火柴棒的数目，每一行告诉你必须拼成的正方形的数目（正方形可以有重叠部分或有共同的顶点）。你能解决所有12个问题吗？

（图注，按列：移动2根火柴，移动3根火柴，移动4根火柴；按行：创造出2个正方形，创造出3个正方形；创造出4个正方形，创造出5个正方形。）

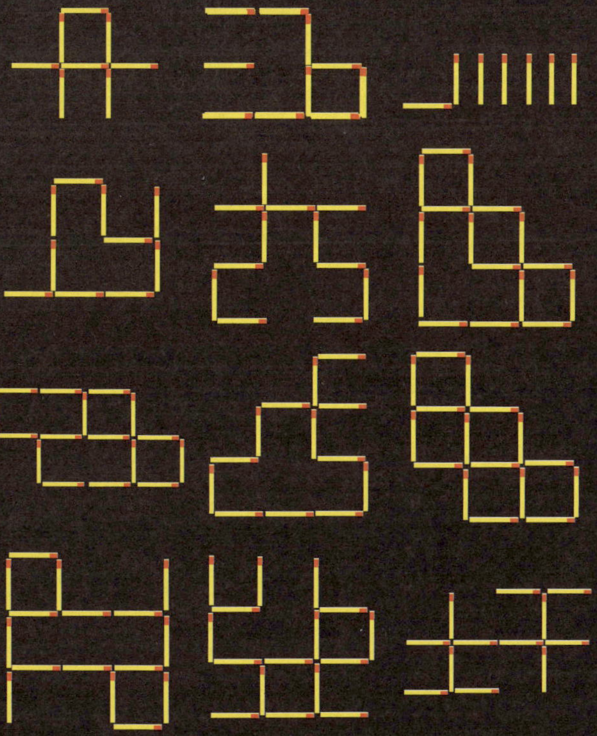

163

难度：●●●●●●●●●●
要求：👁
完成：□ 时间：________

玻璃杯中的樱桃

你能仅移动 2 根火柴棒就倒空玻璃杯并取出樱桃吗？玻璃杯必须保持原来的形状。

164

难度：●●●●●●●●●●
要求：👁
完成：□ 时间：________

火柴拼成的鱼

你能仅移动 3 根火柴棒就改变鱼的方向吗？

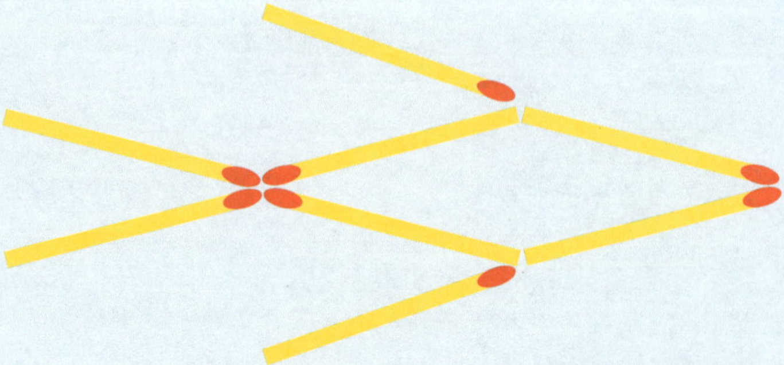

165 难度：●●●●●●●●●●● 要求：👁 完成：☐ 时间：________

火柴棒的交点

在图形中，3 根火柴棒交于一点。请你试着创造出一个图形，使得每根火柴的两端以这种方式与另外两根火柴相连。注意火柴只能在两端相连，不能有重叠。什么形状符合这个规则而又使用了最少的火柴棒数目？

诺布・芦原伸之在他著名的时事通讯《难题》中提到：这个问题的一个变体是要求四根火柴在每一点相交；已知的最好解法是 104 根火柴交于 52 个点，而且也已经证明了 5 根火柴无法摆出。

166 难度：●●●●●●●●●● 要求：👁 完成：□ 时间：________

火柴构造

这个问题基于一个古老的单人跳棋游戏。在一个平面上，你能用给定数目的火柴棒拼出多少个不同的拓扑构造？有以下这些要求：

1. 一条边由单根火柴组成，两根火柴仅可能接触的点是它们的端点；

2. 火柴必须水平放置在平面上，但如果一个图形能在三维空间中变形而不将交点分开以使它和另一个图形相像，那么这两个图形会被认为是相同的。

用一根、两根和三根火柴拼出的所有可能的图形如下所示。你能用四根火柴拼出多少不同的图形？用五根火柴呢？

（图注：1 match：1 根火柴；2 matches：2 根火柴；3 matches：3 根火柴。）

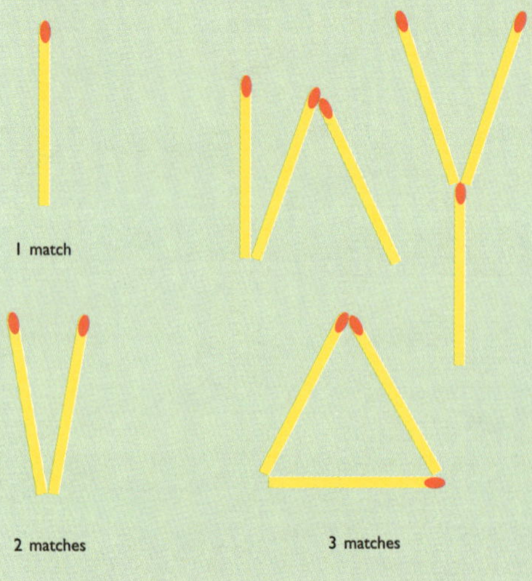

167

难度：●●●●●●○○○○
要求：👁
完成：☐ 时间：________

互相接触的匕首

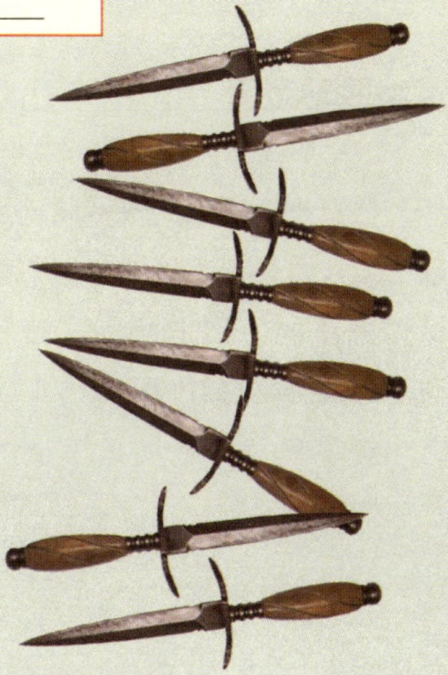

你能排列这8把匕首使得每一把接触到至少另外5把匕首吗？

168

难度：●●●●●●○○○○
要求：👁 ✎
完成：☐ 时间：________

平行四边形联动装置

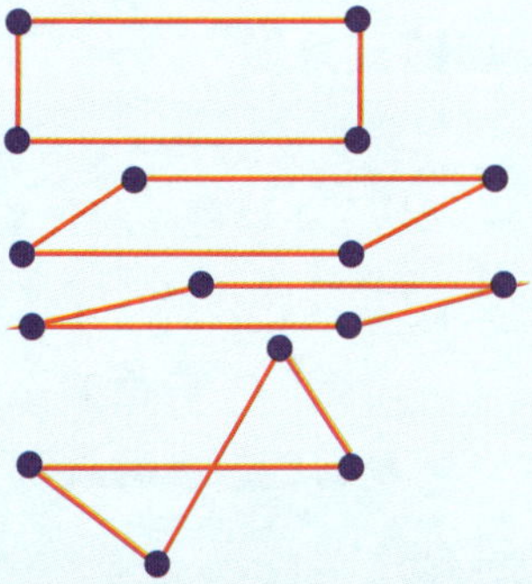

4根带子通过4个柔性的接点连起来，形成一个平行四边形。这样，一个4根棒子的联动装置可以从正方形或矩形转变成平行四边形。在图中所示的转形中，你能说出哪些要素和关系改变了，哪些没有改变？将你的答案填在表中。

	不变	变
面积		
周长		
边		
角		

169

难度：●●●●●●●●●●
要求：👁 ✎
完成：□ 时间：________

瓦特联动装置

检查下面所示的机械联动装置。机械臂的一端被固定在承载物上，而另一端可以自由移动。红色的连接棒连着蓝色的机械臂并限制它们的移动。移动一整圈后，红色连接棒正中间那个白点的移动轨迹是什么样的？

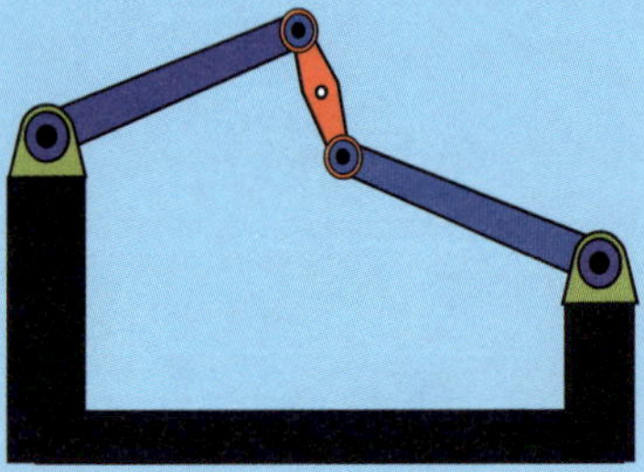

170

难度：●●●●●●●●●●
要求：👁 ✎
完成：□ 时间：________

摆动的三角形

在这个机械联动装置中，绿色的机械臂被固定在蓝色的基座上，尽管机械臂和红色三角形被连起来，还是能自由地前后摆动。你能记下白色的点在联动装置的整个摆动过程中的轨迹吗？

171

难度：●●●●●●○○○○
要求：👁 📄 ✂
完成：□ 时间：________

沿着圆移动

图示的直线联动棒，棒的两端分别限制在两个相交的圆上。当它移动一整圈后，连接棒的中点的轨迹是怎样的？

172

难度：●●●●●●●●●○
要求：👁 📄 ✂
完成：□ 时间：________

机轴

从硬板纸上剪下6根纸带，3根长的，3根短的。将每根长纸带的一端钉在一张纸上，使得被钉住的3个点成为一个等边三角形的顶点。纸带可以自由地绕着这些点摆动。然后将短纸带钉到长纸带可以自由摆动的一端上，使得短纸带能够绕着长纸带的一端摆动。最后，将短纸带的另一端钉在一起并在连接处打一个足够大的孔，并放一支铅笔在这个孔里。

中央连接点的移动将被限制在一个特定的区域里。用铅笔画出连接点的移动轨迹，你能找出它的边限吗？

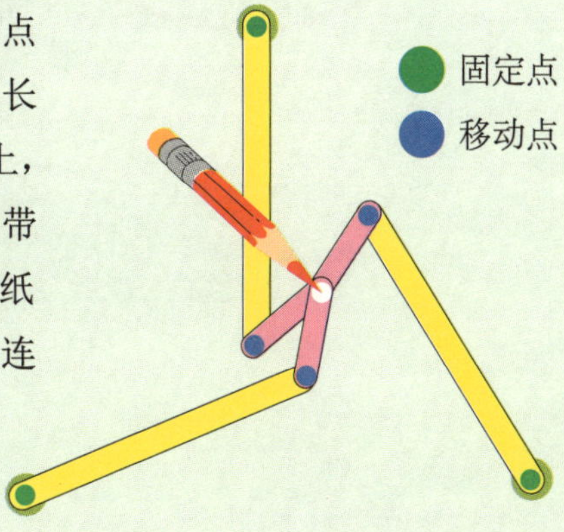

173 难度：●●●●●●●○○○
要求：
完成：□ 时间：________

移动的三角形

下面所示的三角形的两个顶点可以沿着两个相交的圆的圆周移动。第三个顶点有一个孔可以让铅笔头穿过。当三角形的两个顶点沿着圆周移动，铅笔将画出一个复杂的图形。做一个这样的三角形联动装置并自己画出轨迹。

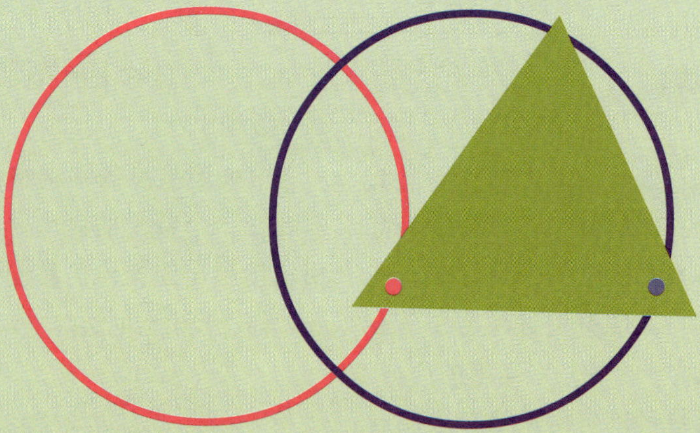

4

图形和网络

174

难度：●●●●●●●●●●
要求：👁
完成：□ 时间：________

聪明的瓢虫

在这幅图中，底下那只瓢虫想见顶上的朋友，为了到达顶部，她必须穿过各种颜色的花丛。每种颜色代表一个不同的方向盘——或上，或下，或左，或右，黑色区域是很深的坑，瓢虫必须避开。

请说出每种颜色所代表的方向，并找出瓢虫穿过花丛的必经之路。

175

难度：●●●●●●●●●●
要求：👁
完成：☐ 时间：________

神秘的脚印

你能说出是什么在沙地上留下了这些脚印吗？

176

难度：●●●●●●●●●●
要求：👁 ✏
完成：☐ 时间：________

四点图

你能找出所有不同的方法，来连接图中部分或全部的4个点吗？

177
难度：●●●●●●●○○○
要求：
完成：□ 时间：________

柱子游戏

小时候，我经常在一个小院子里玩，那个院子在四周有八根柱子。在院子的中央，低栅栏围成一个八边形的花圃。在这里，我最喜欢玩的游戏就是沿直线从一根柱子跑到另一根柱子，跑的距离越长越好。我可以穿过以前跑过的路径，甚至是跳过栅栏并穿过花圃。我会一直跑，直到我只有两个选择：一条已经跑过的路，或者跑一条路将会经过花圃的任意一边。当我只有这两个选择时，我就会停下来。右图是我玩这个游戏的一幅图。我跑了 13 条路线后，仅能跑的路将使我沿着栅栏跑，于是游戏就结束了。

你能跑更多的路吗？

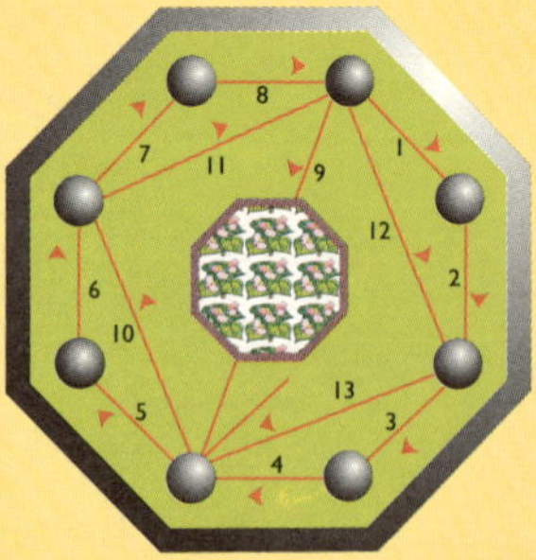

178 | 难度：●●●●●●○○○○ 要求：👁 ✎ 完成：□ 时间：________

三维中的路径问题

这条蠕虫可以沿着图中所示的物体的边爬行，但它不愿意穿过自己走过的路，也不愿意经过同样一块地方两次。它要怎样走才能走过每个角恰好一次？

179 | 难度：●●●●●●○○○○ 要求：👁 ✎ 完成：□ 时间：________

欧拉的问题

只用一笔你能画出全部 11 幅图吗？如果不能，哪一幅图画不出？

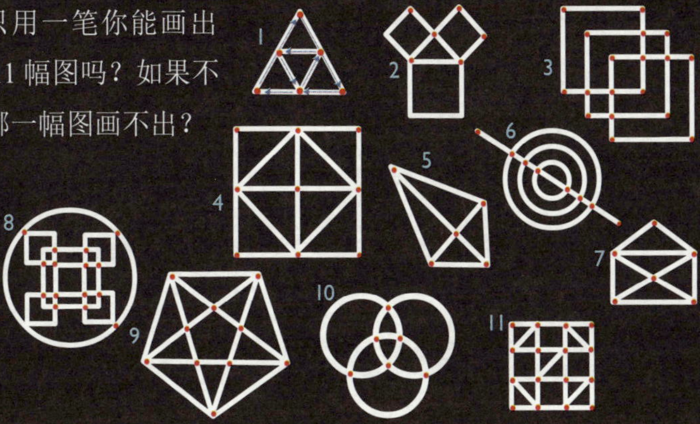

180

难度：●●●●●●●●●●
要求：👁 ✏
完成：☐ 时间：________

分叉路

只能沿着箭头所指的方向走。根据规则找出所有从入口到出口的路径。

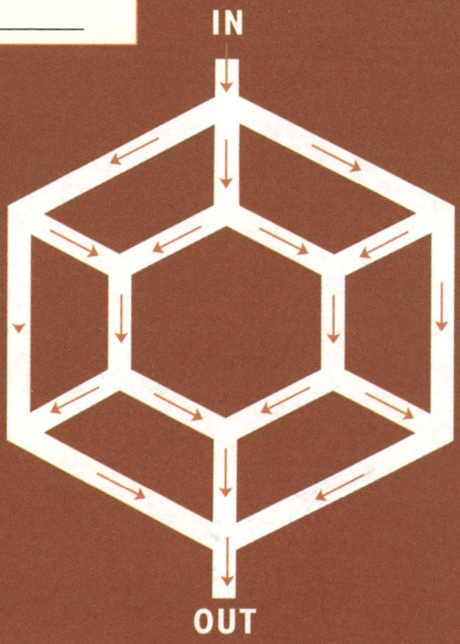

181

难度：●●●●●●●●●●
要求：👁 ✏
完成：☐ 时间：________

哈密尔顿回路

哈密尔顿回路是一条连续的路径，这条路径通过图中的每个点仅一次。在下面所示的 11 个点的图中，你能否找出一条哈密尔顿回路？

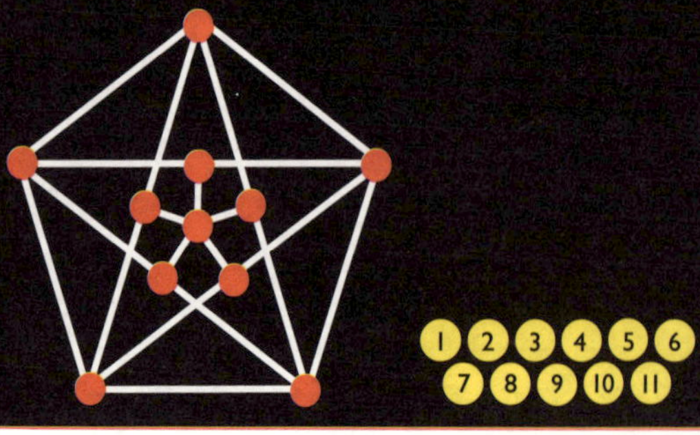

182

难度：●●●●●●●○○○
要求：
完成：□ 时间：________

穿越星星

你能否沿着黄色的路径连续画过相互连接的星星呢？可以穿过已经画过的线。

183

难度：●●●●●○○○○○
要求：
完成：□ 时间：

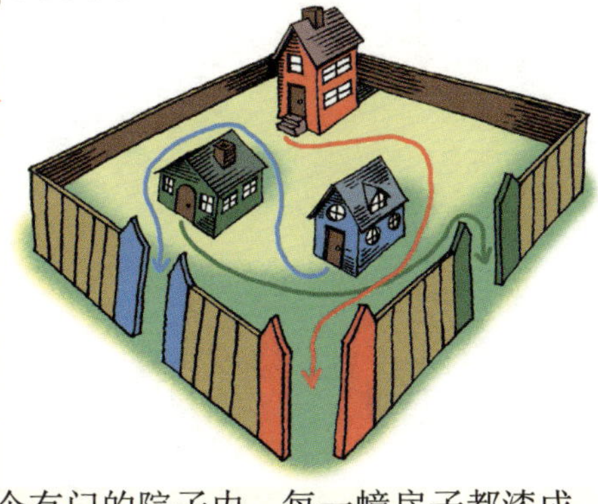

邻居

三家邻居共同住在一个有门的院子内。每一幢房子都漆成不同的颜色，而且每一家都有属于自家的门，漆成和自家房子一样的颜色。三户人家都希望连到自家门口的路径不与其他人家的相交，但图中红色的路径和绿色的路径相交了。

请重新设计这些路径，让邻居们都满意。

184

难度：●●●●●●●●●●

要求：👁 ✎

完成：□ 时间：________

伊柯西周游世界游戏

1859 年，数学家汉密尔顿提出了“周游世界”游戏：沿着正十二面体的棱寻找一条旅行线路，通过每个面恰好一次又回到出发面。下面所示的二维图表上也可以玩这个游戏，这个图表在拓扑学上与正十二面体是一样的。玩的时候，沿着白色的路径从一个圆移动到另一个圆。只能经过每个圆一次，也必须回到出发点。为了搞清楚你已经经过了哪些圆，你可以用连续数字的标牌（就像左下角的那种）来标记每个经过的圆。

这样的图将三维的问题降到二维平面上，从而使它们更容易被解决。

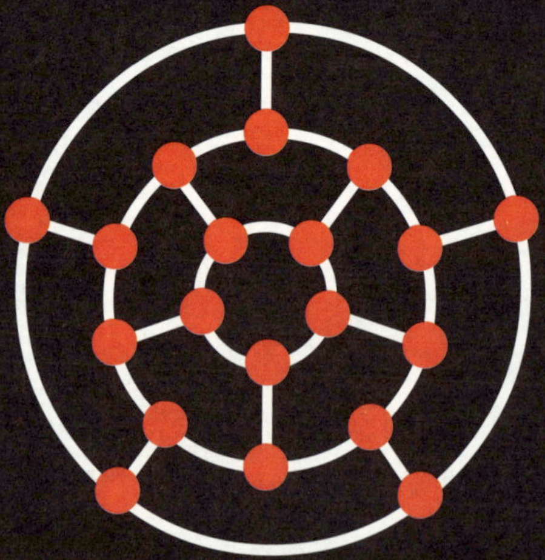

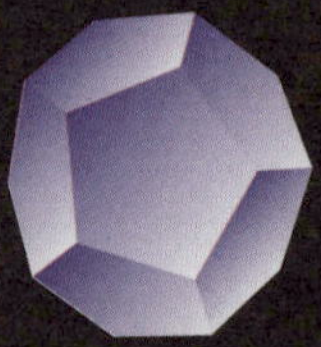

正十二面体

185

难度：●●●●●●●●●●
要求：👁 ✏
完成：□ 时间：________

四所学校

来自 4 个不同家庭的 4 个儿童进入 4 所不同的学校学习。每所学校的建筑有各自不同的颜色，并且学校会给本校的学生发笔记本，这些笔记本的颜色与学校的建筑颜色相同。你能否设计路线让每个学生到各自的学校上学并且路线不相交？

186 难度：●●●●●○○○○○
要求：👁 ✎
完成：□ 时间：________

用具 1

三幢房子在可以住人之前，必须连接电话、插座和水龙头。总共需要九条线，请用线把每幢房子和每个用具连起来，而不让这些线相交。

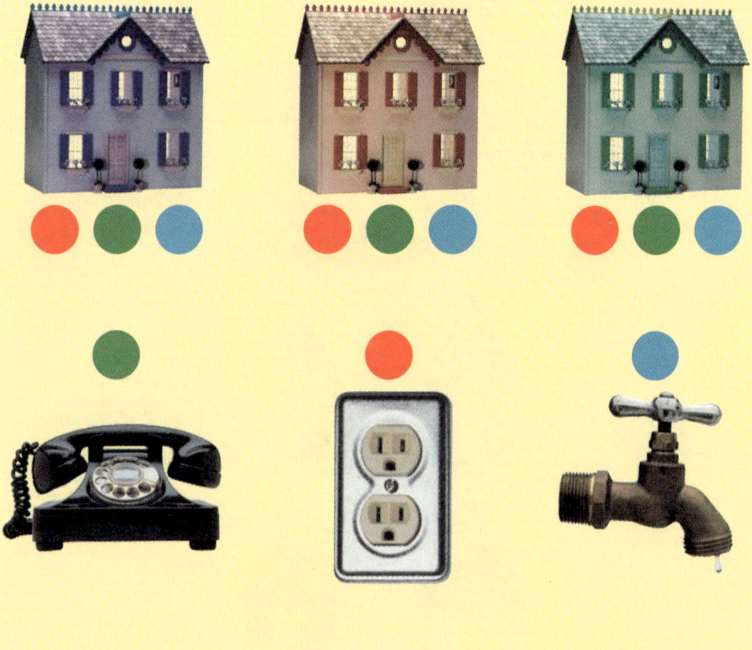

187 难度：●●●●●●●○○○
要求：👁 ✎
完成：☐ 时间：________

用具 2

把每个动物与其他所有不同颜色的动物相连，而颜色相同的动物不能相连。比如，一条红色的鱼可以与一条绿色的鱼相连，也可以与一只黄色的鹦鹉螺相连，但不可以与红色的蛤蜊相连。你能否画出所有的连接线，同时不让任何连线相交？

188

难度：●●●●●●●●●●
要求：👁 ✎
完成：□ 时间：________

用具 3

用线把每个动物与其他所有不同颜色的动物相连，而颜色相同的动物不能相连。注意所有连线不可相交。

189

难度：●●●●●●●●●●
要求：👁 ✎
完成：□ 时间：________

用具 4

将每个动物与其他所有不同颜色的动物用线连起来，颜色相同的动物不能相连。注意所有连线不可相交。

190

难度：●●●●●●●○○○
要求：👁
完成：□ 时间：________

蠕虫的旅程

一条蠕虫只会沿着2×2×3厘米的盒子的棱缓慢爬行。如果不能走已经走过的路，这条蠕虫最长能爬多少厘米？

191

难度：●●●●●●●○○○
要求：👁 ✎
完成：□ 时间：________

偶数路径

从标有“起点”的圆到标有“终点”的圆只有一条路允许走，这条路要求走过偶数个路段。你能找出可以走的最短路径吗？

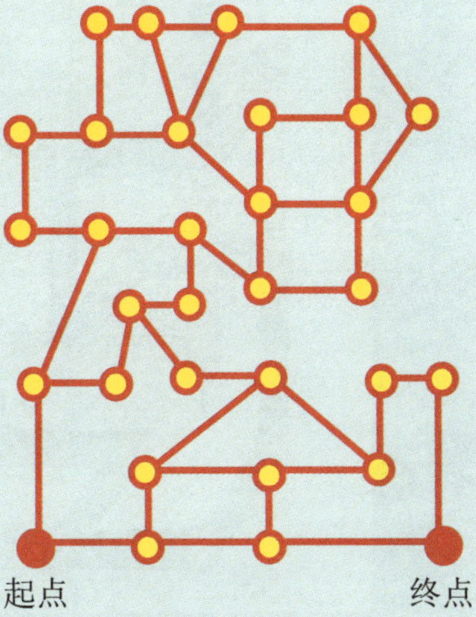

192 难度：●●●●●●●●●● 要求：👁 ✎ 完成：□ 时间：________

地铁

本题的目的是找出给定两站之间最快的路径。必须沿着同一条线走（这些线用不同的颜色标记），除非在两条线相交的地方转车。每乘一站需要花一分钟（包括起点），而每转一次车需要花两分钟。有了这些规则，你能否分别找出从 A 到 B，C 到 D，E 到 F 以及 G 到 H 的最快路径？

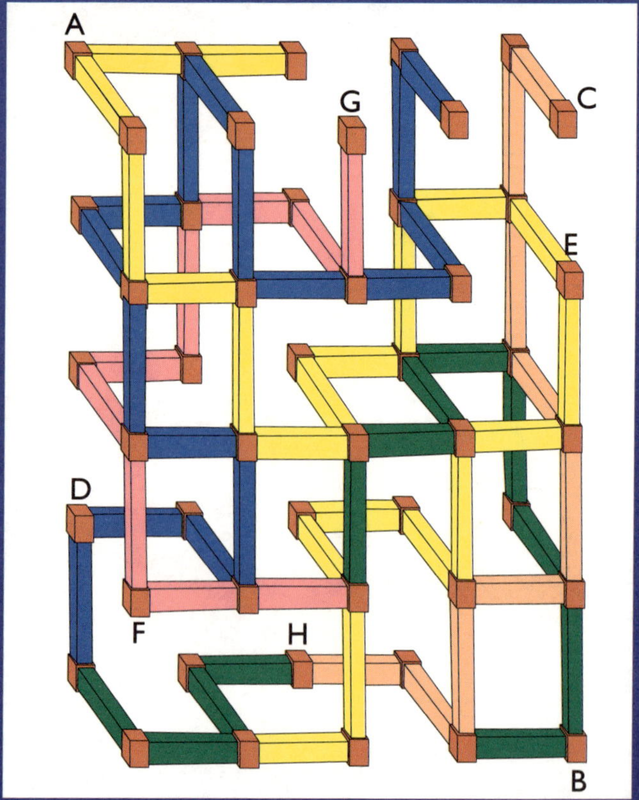

193 难度：●●●●●●●●●● 要求：👁 ✎ 完成：☐ 时间：________

星星的旅程

在这里所示的星座中有 14 颗星星，每一颗星星都通过星际路径与至少 3 个相邻的星星相连。你能否沿着路径经过每颗星星一次且仅经过一次？

你能否完成经过每颗星星的任务而不使用路径 1？如果不使用路径 2 呢？

要求依次不使用 16 条标有数字的路径中的一条。16 种情况中有两种是无解的，你能说出是哪两种情况吗？

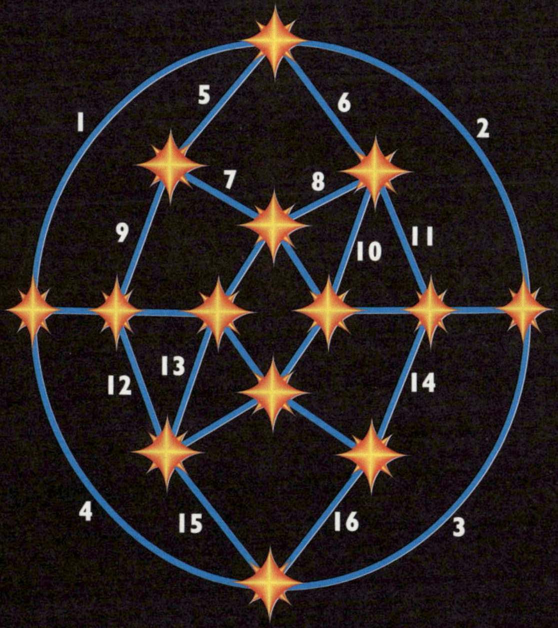

194

难度：●●●●●●●●●●
要求：👁 ✏
完成：☐ 时间：________

火星难题

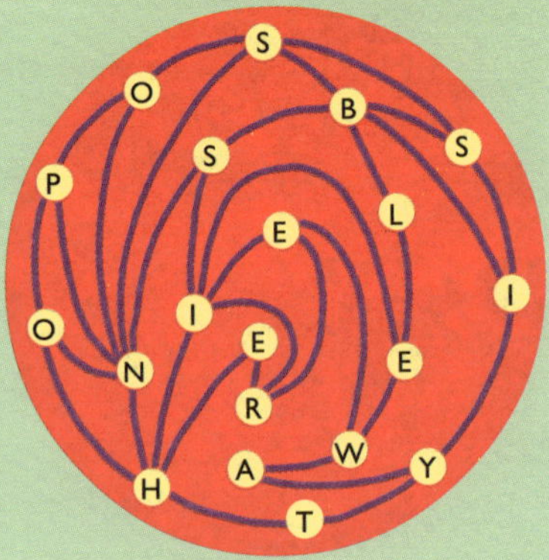

在火星表面散布着20个科学边境村落，每个村落标有一个字母，而且每个村落至少与另外两个村落通过运河相连。从标有T的村落开始，沿着各条运河访问每个村落仅一次，依次路过的字母可以拼出一句英文句子。

你能找出一个解法吗？

195

难度：●●●●●●●●●●
要求：👁
完成：☐ 时间：________

填箭头 1

图中，有两个箭头丢失了。请补上丢失的箭头，使得所有的方格组成一个一致的图样。

196 难度：●●●●●●●●●● 要求：👁 ✎ 完成：□ 时间：________

电路 1

如果电线相交，就会发生短路，装置也将失灵。

你能连接这块电路板上标有颜色的 5 对电路，而不让任何电线相交吗？

197 难度：●●●●●●●●●● 要求：👁 ✎ 完成：□ 时间：________

电路 2

你能否画 5 条线来连接 5 对有颜色的电路？所有的连线必须沿着方格的白线，而且任意两条连线不能相交。

198

难度：●●●●●●●○○○
要求：👁 ✎
完成：□ 时间：________

电路 3

请画 8 条线来连接 8 对有颜色的电路。所有的连线必须沿着方格的白线，而且任意两条连线不能相交。

也可以改成一个两人玩的游戏。玩家轮流连接电路，游戏一直进行下去，直到一个玩家无法再画条连线。

199

难度：●●●●○○○○○○
要求：👁
完成：□ 时间：________

开灯

右图所示的 3 盏台灯和 3 节电池摆放在一块三角形空间周围，这块三角形空间是用来放三角形电路板的。

你能说出 3 块电路中的哪一块可以放到空的地方，使每盏灯都由各自的电池供电吗？

200

难度：
要求：
完成：☐ 时间：________

立方体上的箭头

你能用多少种方法将 6 个箭头放在立方体的 6 个面上？

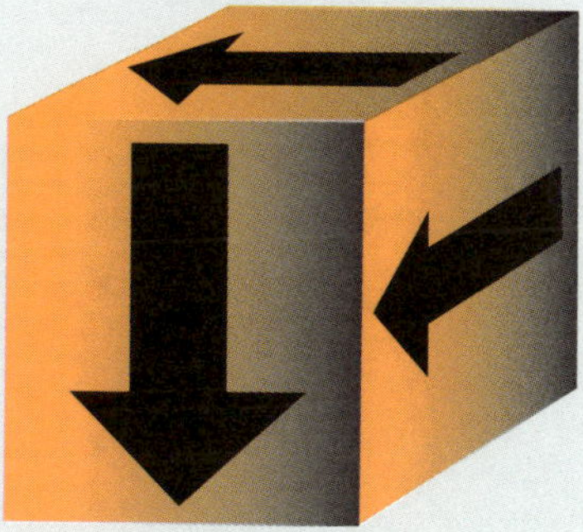

201

难度：
要求：
完成：☐ 时间：________

最少的交叉点

7 个红色的点由 21 条边相连，这些边在 10 处相交。你能重排这些边，使它们的交叉点更少吗？

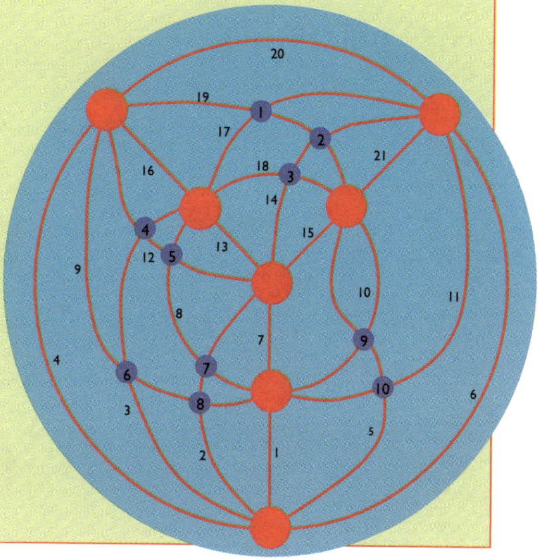

202

难度：●●●●●○○○○○
要求：
完成：□ 时间：________

五个箭头

请用这 4 个箭头组成 5 个箭头。

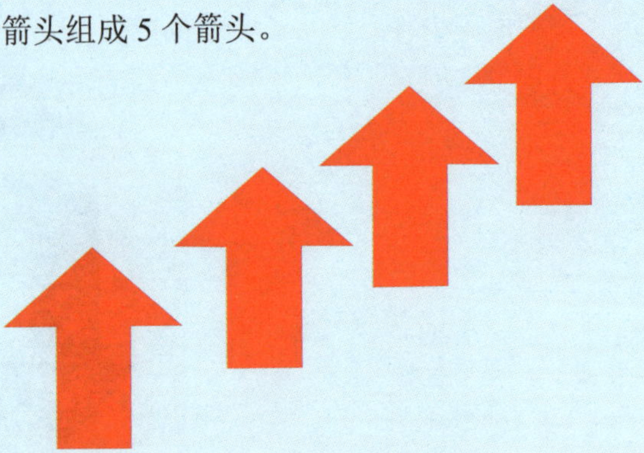

203

难度：●●●●●●●○○○
要求：
完成：□ 时间：________

有四个顶点的图形

画不包含回路的图形。已知有 4 个顶点，你能画出多少个这样的图形？

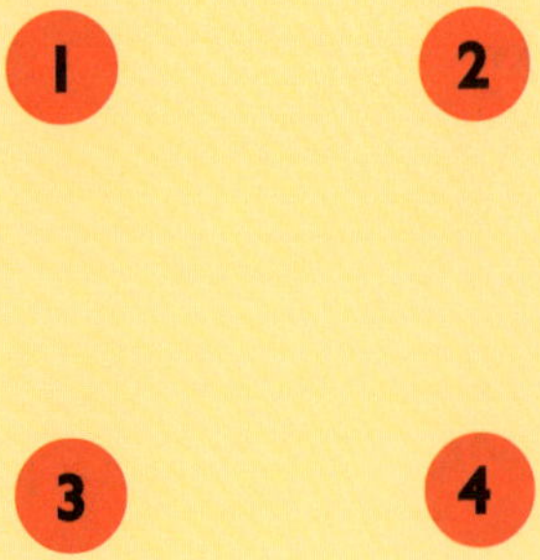

204 难度：●●●●●●●○○○ 要求：👁 ✎ 完成：☐ 时间：________

树的结构

如果归并所有拓扑等价的情况，2 个点只能构成一种树，3 个点也只能构成一种树，4 个点可以构成两种树，5 个点则可以构成 3 种。

那么，6 个点可以构成多少种树？7 个点呢？

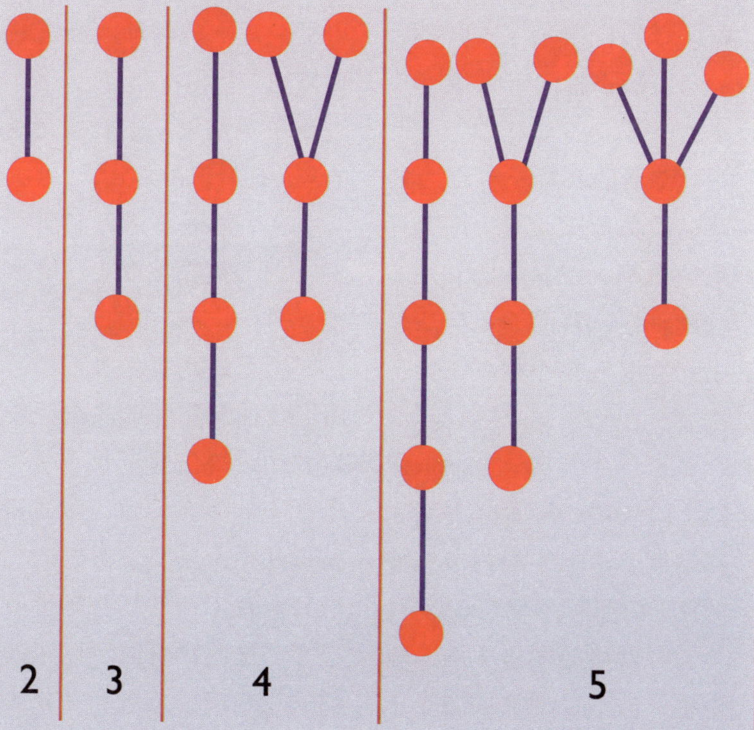

205

难度：●●●●●●●●●●
要求：👁 ✎
完成：□ 时间：________

树的游戏

游戏要求每个玩家用小棍拼出卡片上的图形。需要以下材料：

一组卡片，上面画着有3个、4个、5个或6个顶点的树（参见下一题）；

一组小棍，用来拼卡片上的图形。

游戏的目标是以最少的移动次数把火柴棍拼成卡片上的图形。首先，把卡片的顺序打乱，背面朝上叠放起来。再取五根小棍，在桌上排成一条直线。

第一个人从最上面取出3张卡片并摊开。然后他可以移动两步，把小棍拼成这些卡片上的图形。

可以移动图形中的一根小棍，也可以增加或减少一根小棍，还可以旋转任意一根小棍，只要这根小棍原来与其他小棍相连接的一端仍然是连接着的（如果一根火柴的两端都和别的火柴相连，那它就不能旋转）。

如果一个玩家成功地拼出了卡片上的图形，那他就可以把卡片保留在自己这里，直到游戏结束。不能被完成的卡片还得留在桌上。

这个游戏将进行到所有桌上的卡片都被取走，赢家就是拥有卡片最多的人。

这个游戏有两种玩法，即经典的和拓扑的。在经典玩法中，拼出的形状必须和卡片上的完全一致；而在拓扑玩法中，只要求拼出的图形和卡片上画的拓扑等价就行了。这两种玩法可以帮助你认识精确的位置和拓扑等价之间的不同。

上方的图画出了玩家取出的 3 张卡片。然后玩家就按照卡片上的图形移动小棍。在这个例子中，玩家赢得了这 3 张卡片。

灰色的表示移走的小棍，黄色的表示旋转的小棍。

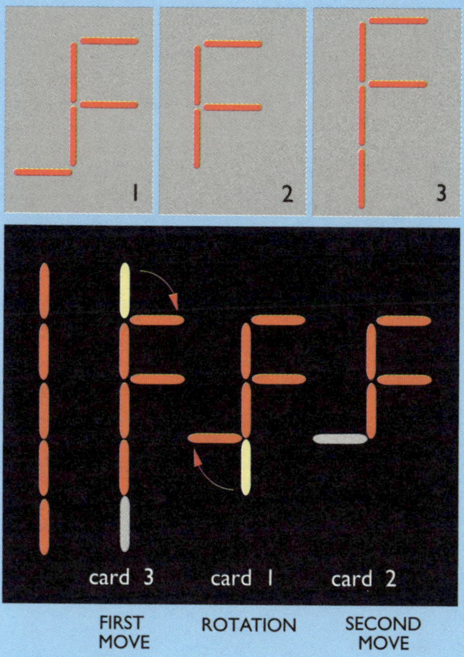

图注

卡片 3　　卡片 1　卡片 2

第一步　　旋转　　第二步

206

难度：●●●●●○○○○○
要求：👁
完成：☐ 时间：________

树的游戏中的卡片

以下是“树的游戏”中常用的64种卡片：它们是16组拓扑等价的卡片，每组四张。比如，有一组由卡片1、20、34和61组成。

你可以把这16组卡片区分开来吗？

207

难度：●●●●●○○○○○
要求：
完成：□ 时间：________

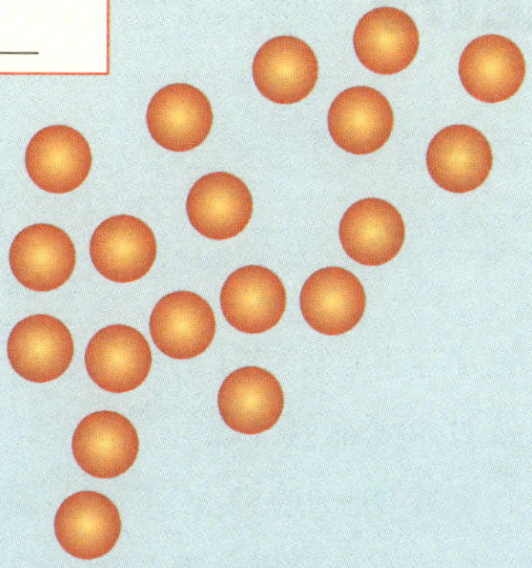

串珠子

19 颗珠子放在桌上。你能用绳子把它们穿成一棵树吗？

你至少要用多少条边，把 19 个点连成一棵树？每个点都至少有一条边和其他点相连，而且边不能构成回路。

208

难度：●●●●●○○○○○
要求：
完成：□ 时间：________

填箭头 2

你能说出下面的空格里应该填上什么方向的箭头吗？

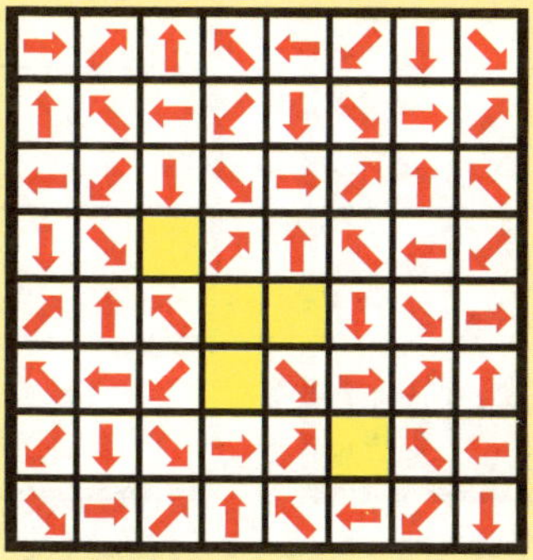

209

难度：●●●●●●○○○○
要求：👁 ✎
完成：□ 时间：________

箭头游戏 1

把 16 个箭头填入 4×4 的方阵中，使每行、每列和每条对角线都包含上、下、左、右四个方向的箭头且只出现一次。两个玩家各用一种颜色轮流画上箭头。箭头只能指向上、下、左、右四个方向。每画完一格，都要检查一下有没有格子不能再填上箭头了，就是说．是否有格子无论填上什么方向的箭头都不能符合规则。如果有，那么在这个格子里用这个玩家的颜色做一个记号。

如果再也没有空格可以按规则填箭头了，游戏就结束。如果某一行、一列或一条对角线中有三个格子是一个人画的（包括记号），并且其中至少有两个是箭头，那他就得分。如果只有一个是箭头，两个是记号，就不得分。在图中所示的结果里，两个玩家打成平手，每人得 3 分。

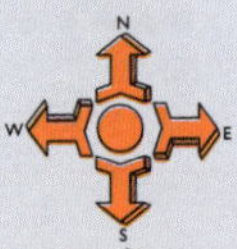

玩家1

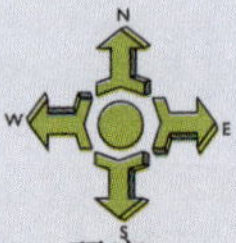

玩家2

210 | 难度：●●●●●●●●●● 要求：👁 ✎ 完成：□ 时间：________

箭头游戏 2

把 64 个箭头填入 8×8 的方阵中，使每行、每列都包含上、下、左、右、左上、右上、左下、右下这八个方向的箭头。

排列 64 个箭头，使指向一个方向的箭头在每行以及每列都只出现一次。两个玩家各用一种颜色轮流画箭头。箭头必须指向规定的 8 个方向。游戏直到没有空格能填上符合规则的箭头为止。如果一个玩家在某行或某列画上了 5 个箭头，就得到一分。在右边的示意图中，红方以两分优势获胜。

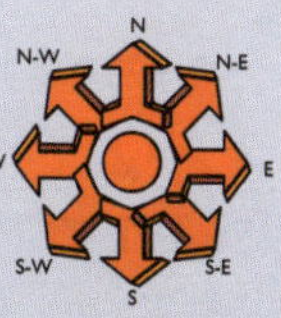

玩家1

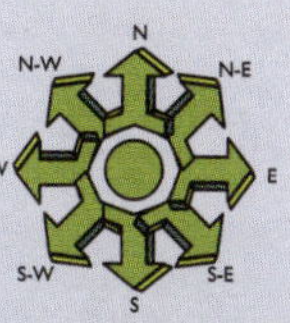

玩家2

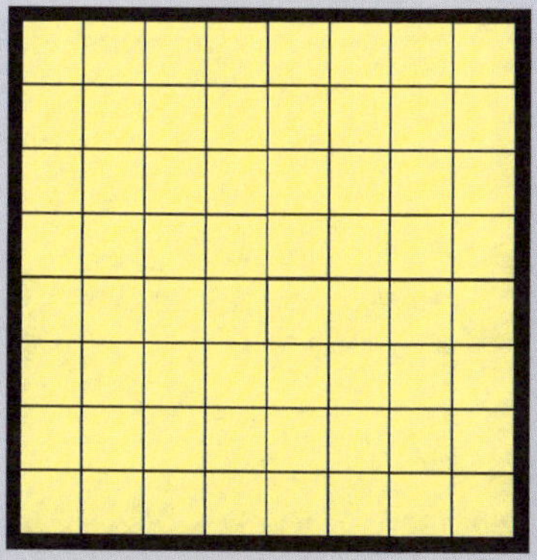

211

难度：●●●●●●●●●●
要求：👁 ✎
完成：☐ 时间：________

走五边形

在这个图形中，每条边都只能沿一个方向走。你能找出一条可以经过全部5个点的路径吗？

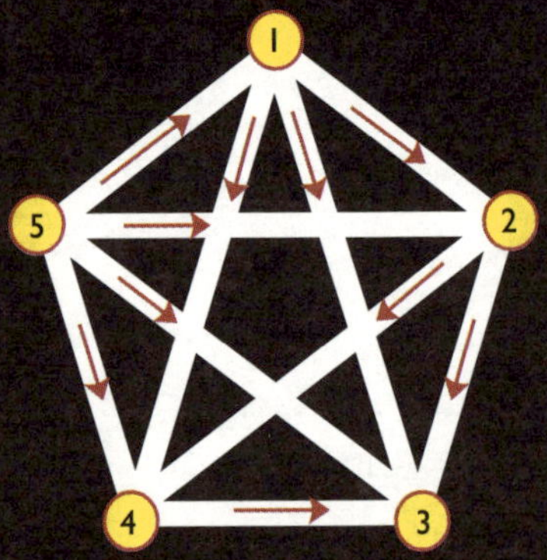

212

难度：●●●●●●●●●●
要求：👁 ✎
完成：☐ 时间：________

走六边形

在这个图形中，每条边都只能沿一个方向走。你能找出一条可以经过全部6个点的路径吗？

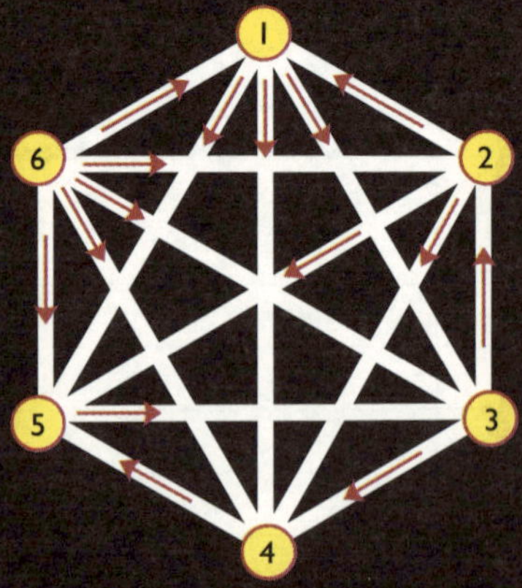

213

难度：●●●●●●●○○○
要求：👁 📄 ✂
完成：□ 时间：________

箭头的旅程

每个箭头上标出的数字表示能够沿这个箭头所指的方向移动的步数。比如，标有数字 3 的箭头表示，你可以沿这个箭头的方向向前走 3 格。

请把下面 9 个箭头放入右边的方阵，使它们构成一条回路。

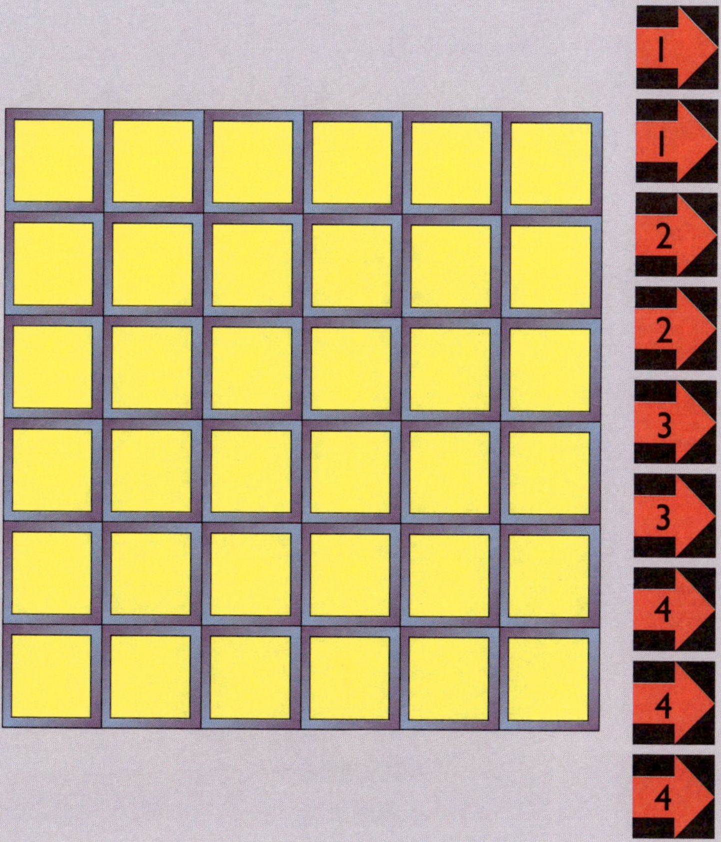

214 难度：●●●○○○○○○○ 要求：👁 ✎ 📄 ✂ 完成：□ 时间：________

汉密尔顿游戏 1

照右图剪下 15 架飞机，随机放到下图的 15 条航线上。按照箭头所指的方向，请你找出一条路线，访问全部城市且每个城市访问一次。

你能说出访问的城市的顺序吗？

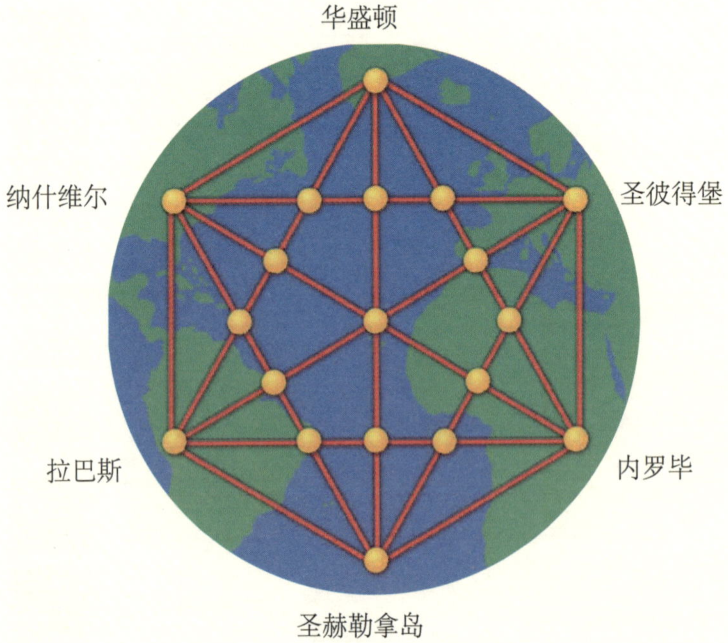

215 难度：●●●●●●●○○○ 要求：👁 ✎ 📄 ✂ 完成：□ 时间：________

汉密尔顿游戏 2

在前面那个游戏的比较复杂的版本里，要求访问这些航线的全部 19 个交点各一次，找出一条连接全部 19 个交点的路线。在每条航线上，都只能按照航线的方向移动。

可以两个人玩这个游戏。其中一个人把 15 架飞机放到航线上，确定它们的方向；另一个人找出穿过全部交点的路线，并把它们从 1 开始按照访问的顺序标号。

箭头的排列共有 32786 种组合，其中 27846 种包含汉密尔顿路径（其中的 190 种包含汉密尔顿回路），还有 4940 种是没有答案的。

下图出了 9 种已经标明箭头方向的图形。而这个问题还有上百种组合。

216

难度：●●●●●●○○○○
要求：👁 ✎
完成：□ 时间：________

爱憎分明

假设你和朋友们感情都非常强烈，就是说，在任何时候你们都会爱或恨对方。在一个聚会上，你为了避免冲突，必须保证来访朋友中不能有 3 个人两两相爱或互相憎恨。对于 4 个、5 个或 6 个人的聚会，冲突是否可以避免？也就是说，能否避免“三角恋”或“三角恨”呢？

红色表示两人相爱，蓝色表示两人互相憎恨。在画出一个同色的三角形之前，你能涂上多少条边？是不是在把所有的边都涂上颜色后，还是没有 3 条边颜色相同的三角形呢？

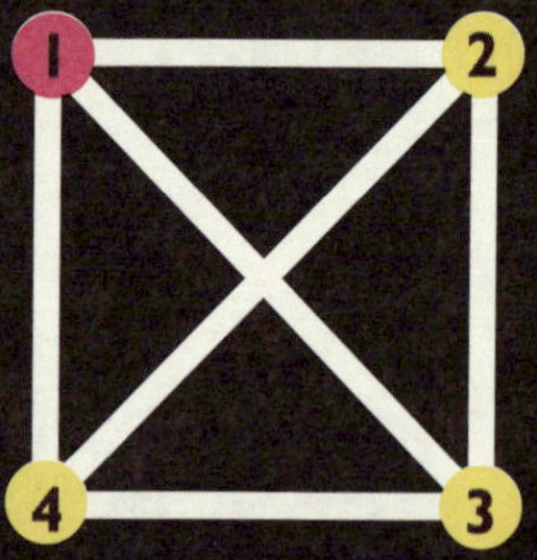

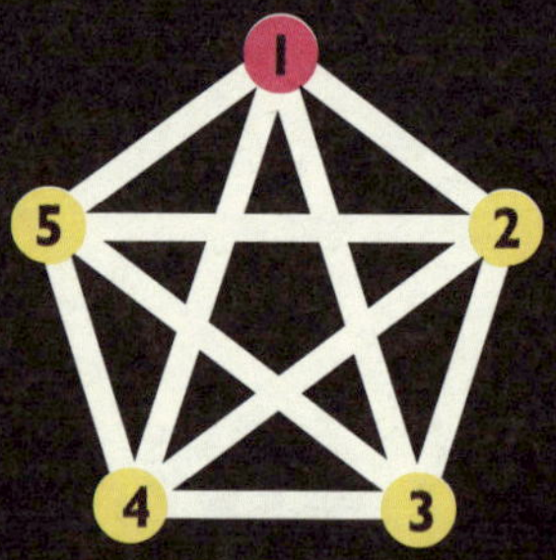

你
你的朋友
红线－爱
蓝线－恨

217 | 难度：●●●●○○○○○○
要求：👁 ✎
完成：☐ 时间：________

蜘蛛轨迹

这个游戏既可以作为单人游戏玩，也可以两人比输赢。如果两个人玩的话，每人轮流给图中白色的边着色。可以用两种颜色，比如红色和蓝色。每人每次任选一种颜色着色，但同色的边不能构成三角形。直到出现同色三角形，则游戏结束。另一个玩法是，争取比对方先画出一个由同色边构成的四边形。

单人玩法：尽可能多给白色边着色，直到画出以标有数字的点为顶点的三角形为止。

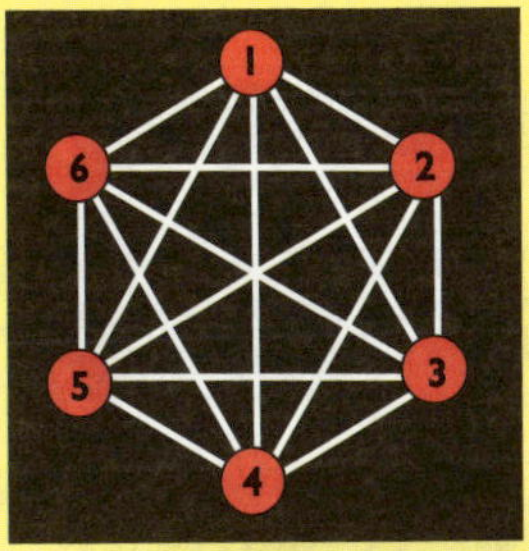

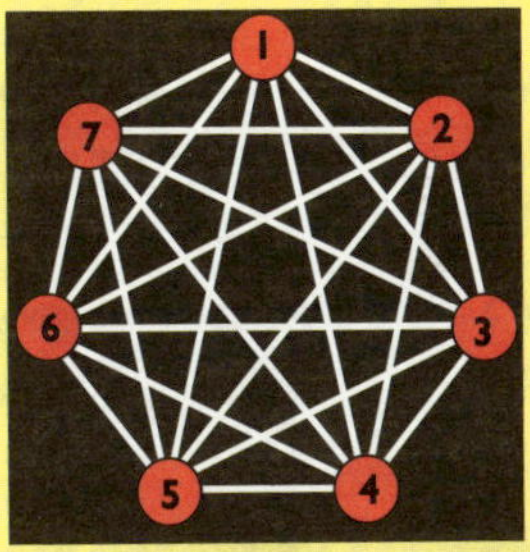

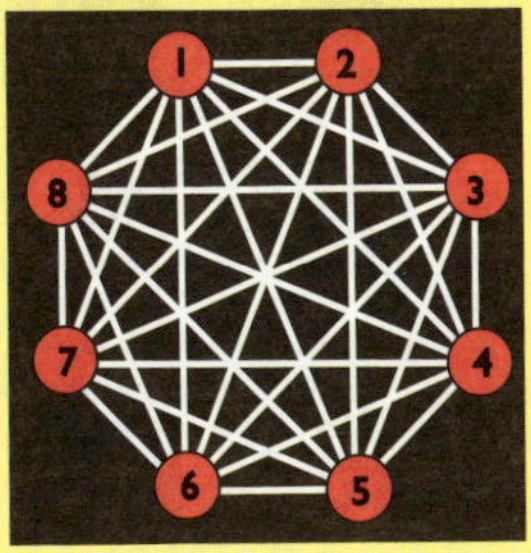

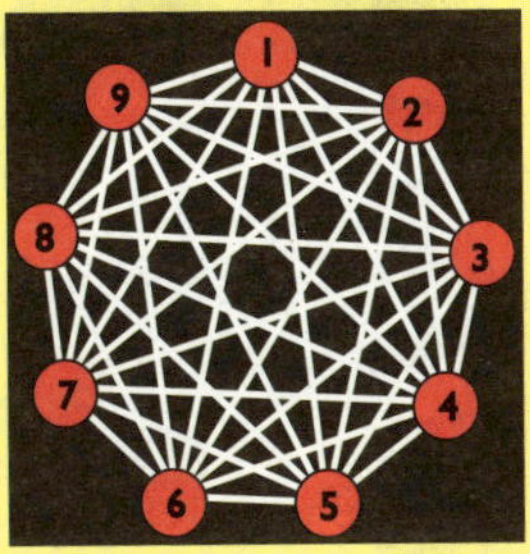

218

难度：●●●●●●●●●●

要求：👁 ✎

完成：☐ 时间：________

穿越城市

穿越格子城市对司机来说简直是噩梦。问题并不在于交通拥挤，而是有太多的交通标志牌。有个地方把问题搞得更糟，它们不仅增加了原有交通标志牌上的方向记号，还添了新的标志牌。这使得每一个十字路口都至少有一个方向不能转弯。

你能为这三辆车找到穿越城市的路吗？别忘了遵守交通标志牌的指示。

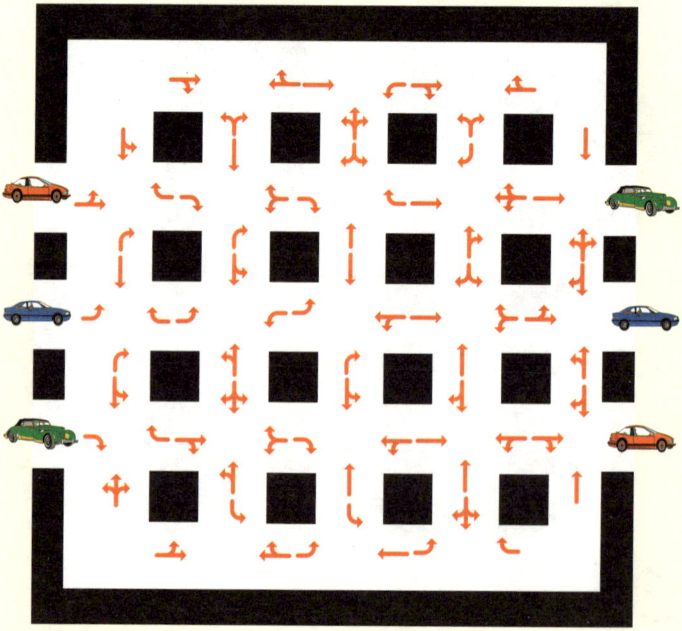

5

曲线与圆

219 | 难度：●●●●●●●●●● 要求：👁 ✎ 完成：□ 时间：________

咬自己尾巴的蛇

下边的 8 块拼图将组成一条咬自己尾巴的蛇。你能拼出一个圈来吗？

这个问题并不像看上去的那么简单。这些拼图有好多拼法，可只有一种能拼出一个闭合的圈，其他拼法都不能使首尾相接。反复实验会花掉你很多时间，但如果你仔细观察一下，就会发觉其中窍门所在。提示：每一部分都暗藏一关键之处。

220

难度：●●●●●○○○○○
要求：
完成：□ 时间：________

蜘蛛网几何 1

图中，一个圆的圆周被等分。3 根交于一点的直线穿过这个圆。如果在圆的其他地方画上与这 3 根直线组成的图形相同的直线组，最后会出现什么图案？是不是有点像蜘蛛网？

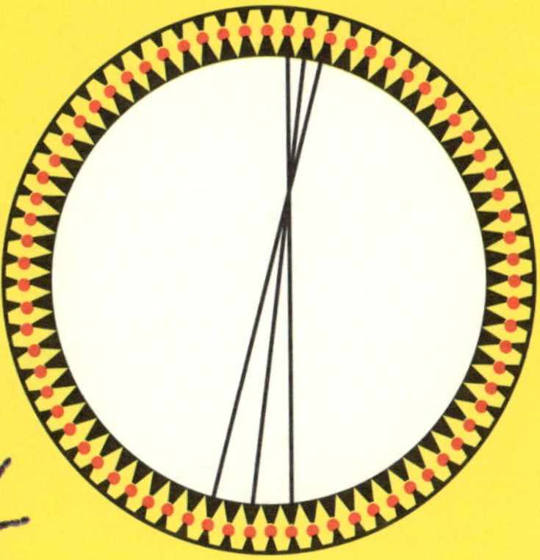

221

难度：●●●●●○○○○○
要求：
完成：□ 时间：________

蜘蛛网几何 2

和上题一样，一个圆的圆周被等分。3 根交于一点的直线穿过这个圆。如果在圆的其他地方画上与这 3 根直线组成的图形相反的直线组，最后会出现什么图案？

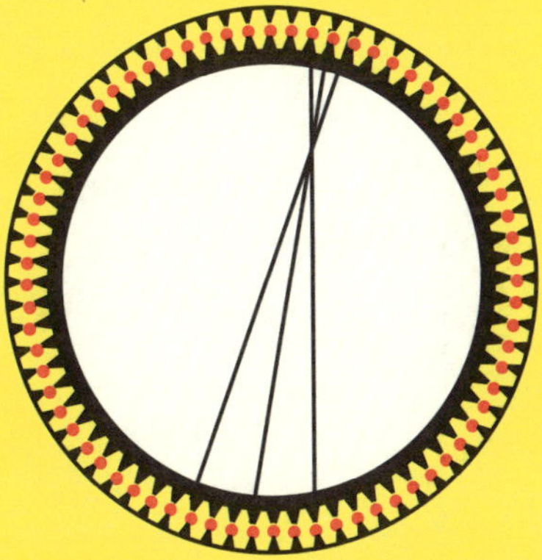

222

难度：●●●●●●○○○○
要求：
完成：□ 时间：________

喝醉的蜘蛛 1

画许多圆，它们的圆心都在图中这个圆的圆周上，而它们又都要通过上方的基点。最后将得到什么样的图形？

223

难度：●●●●●●○○○○
要求：
完成：□ 时间：________

喝醉的蜘蛛 2

画许多圆，它们的圆心都在下面那个圆的圆周上，而它们又都要与这个圆的直径相切。最后将得到什么样的图形？

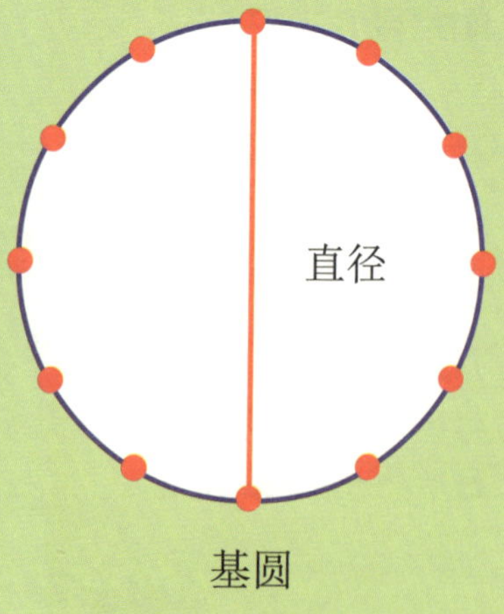

224

难度：●●○○○○○○○○
要求：👁 ✎
完成：□ 时间：________

圆的部分

你知道下图中那些用红色标出的部分各叫什么吗？

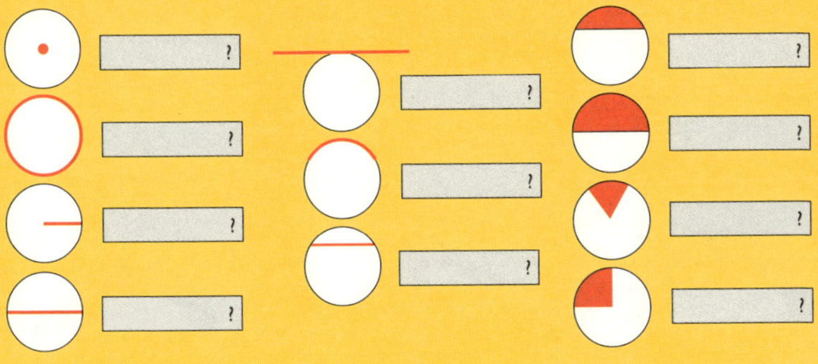

225

难度：●●●●○○○○○○
要求：👁 ✎
完成：□ 时间：________

追逐

一匹马沿直线跑，而一个人在任何时刻都朝着马跑。你能确定这个人的运动轨迹吗？

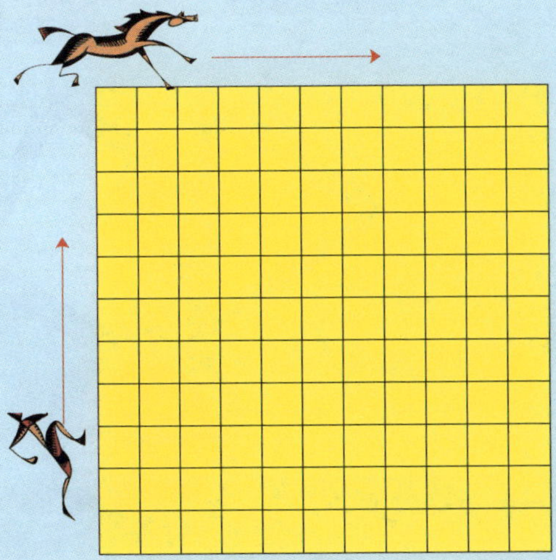

226 难度：●●●●●●●●●● 要求：👁 ✎ 完成：□ 时间：________

圆形、方形和三角形的面积

一种导管中包含三根管道，如图所示。导管不停地旋转，每次都使其中的红色液体从一根管道流出，注满另一根管道。

根据图示。你能说出这三根具有相同边长或直径的正方形、三角形和圆之间的关系吗？还有，你能否通过此题估计π 的大小？

227

难度：●●●●●●●○○○
要求：👁 📄 ✂
完成：□ 时间：________

圆

有很多分解圆的有趣游戏，比如古老的圆形七巧板，它能组成许多不同的图案与形状。

现在这个分解圆的游戏则更巧妙，它包含 10 块能拼成一个完整的圆的碎片。它的巧妙之处在于，所有的弧都是一致的。

你能把它重新拼起来吗？

228

难度：●●●●●●●●●●
要求：👁
完成：□ 时间：________

为什么是圆的

下水道的盖子为什么是圆的？请给出三条理由。

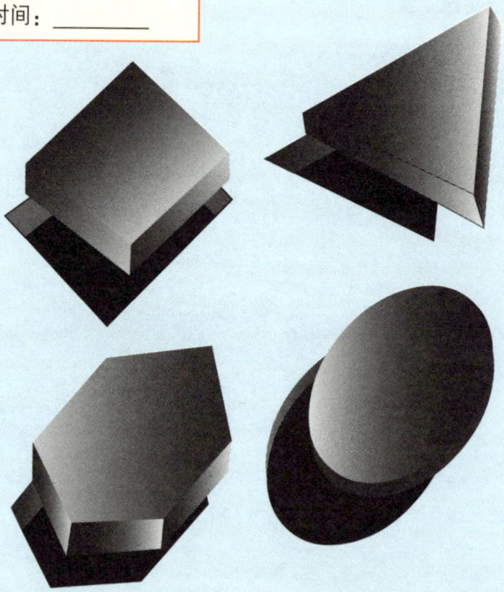

229

难度：●●●●●●●●●●
要求：👁 ✎
完成：□ 时间：________

滚石头

人们曾用圆木做的滚车移动重物。图中两根相同的圆木周长是1米。如果圆木滚了一圈，那么重物将前进多少米？

230

难度：●●●●●●●●●●
要求：👁 ✏
完成：☐ 时间：________

圆、圆周和数字 π

沿一直线把一个圆滚上一整圈。圆滚过的距离和圆的周长相等。然后想像一下，各种大小的圆，都沿直线滚上一圈，那么滚过的距离应该和这些圆的周长都相等。

说出这些圆的周长和圆的直径的关系。是不是对所有的圆，这种关系都一样？

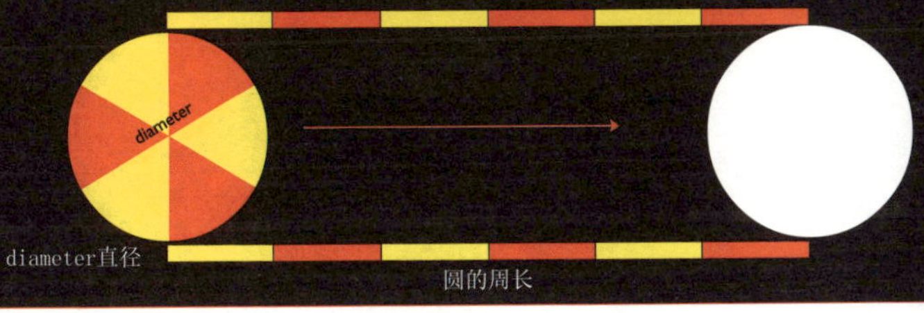

231

难度：●●●●●●●●●●
要求：👁
完成：☐ 时间：________

希波克拉底的月牙定理

古希腊几何学家希波克拉底在试图解决“化圆为方”的问题时发现了这个问题。他在一个直角三角形的三条边上作了重叠的半圆，如图所示。你能求得图中红色的月牙形的面积吗？

232

难度：●●●●●●○○○○
要求：👁
完成：☐ 时间：________

方中有圆

红色的部分和黑色的部分哪个面积更大些？

233

难度：●●●●●●●●○○
要求：👁 ✎
完成：☐ 时间：________

方形花瓶

你能把下面的红色花瓶分解后拼出一个完整的正方形吗？有两种可行的方案，一种把它分成三部分，另一种分成四部分。

234

难度：●●●●●●●●●●
要求：👁
完成：☐ 时间：________

阿基米德的镰刀形

沿一个半圆的直径作两个相切的半圆，如图所示。从两个小半圆的切点引直线 L 与大半圆直径垂直，并与其圆周相交。

大半圆中没有被两个小半圆覆盖的部分组成了一种以前用来收割的工具——镰刀的图案。猜猜这镰刀形的面积有多大？

235

难度：●●●●●●●●●●
要求：👁
完成：☐ 时间：________

15 个点

15 个点均匀地分布在圆周上。任意两点间都有线段相连，你知道其中共有多少条线段吗？可不可以不重复地将这些线段一笔画出呢？

236

难度：●●●○○○○○○○
要求：👁 ✎
完成：□ 时间：________

圆的面积

你能证明求圆面积的公式吗？假设一个圆的半径为 r，周长是 $2\pi r$，把圆沿直径切开，并拼成一个类似平行四边形的形状，如图所示。切得越细，切下的每一部分就越接近三角形，而由它们拼出的图形也就越接近一个一边长为 r，另一边长为 πr 的长方形。你能计算它的面积吗？

数学家们的说法是，圆的内接正多边形随边数的增加，其“极限”就是圆本身。这种极限永远不能被达到，但尽量接近它就是我们所知的微积分的依据。

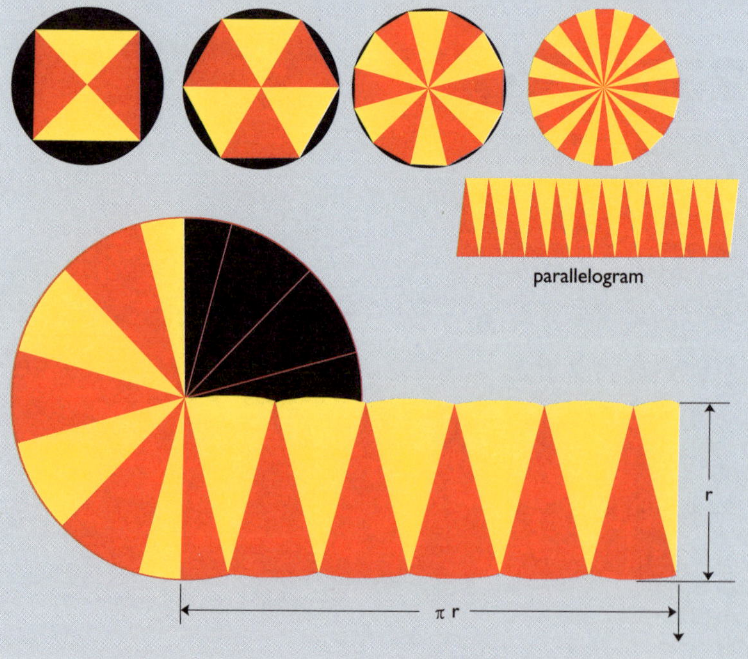

237

难度：●●●●●●●●●●
要求：👁
完成：☐ 时间：________

三种圆

三个全等的等边三角形内部都包含圆，如图所示。哪个三角形里的圆的面积之和最大？

1. 一个内切圆（三角形内能包含的最大的圆）和两个小圆。

2. 三个相同的圆，尽可能撑满三角形。

3. 一个大圆和两个小圆。

238

难度：●●●●●●●●●●
要求：👁 ✎
完成：☐ 时间：________

硬币问题

在 5 步之内，你能否把下面 6 个搭成金字塔形的硬币组成正六边形的形状，使其中央可以放进第七个硬币？

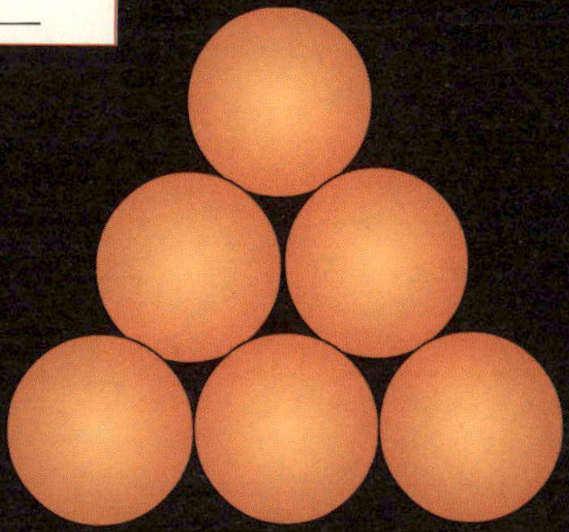

移动后的硬币必须和另外至少两枚硬币相接触。在移动某一枚硬币时，其他硬币则不能动。

239

难度：●●●●●○○○○○
要求：
完成：□ 时间：________

倒放硬币

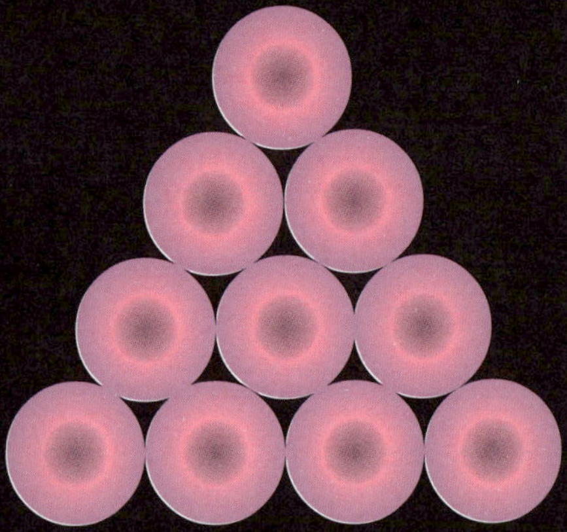

现在要把这个由10个硬币组成的金字塔倒置过来。每次移动一枚硬币，而移动后它必须和另外至少两枚硬币相接触。

用6步完成很简单，但你能用3步完成吗？

240

难度：●●●●●●●○○○
要求：
完成：□ 时间：________

圆和切线

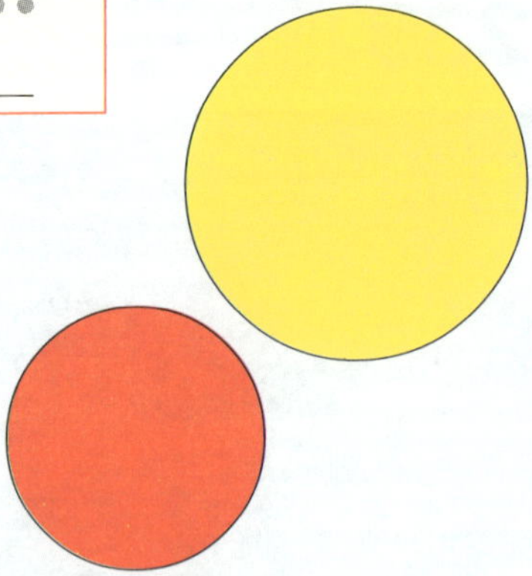

两个大小不同的圆，它们在平面上有几种不同位置关系？

圆的切线是一条直线，它和圆相交且仅交于一点。两个圆的公切线指一条与两个圆都相切的直线。当两个圆在不同的位置时，你能说出它们全部公切线的数目吗？

如果两个圆一样大小，情况有什么变化？

241

难度：●●●●●●●●●●
要求：👁 ✎
完成：☐ 时间：________

七圆问题

从任意圆（图中是红色的圆）开始，添6个圆，使每个新添上的圆与红色的圆和任意两个其他的圆相切。想像一下，其中3个（图中是黄色的）越来越大，而绿色的则越来越小，且黄色的圆和绿色的圆始终保持接触，假设黄色的圆大到几乎要相互接触了，此时的图形该是什么样的呢？

242

难度：●●●●●●●●●●
要求：👁 ✎
完成：☐ 时间：________

阿波罗尼斯的问题

求与已知的3个圆都相切的第四个圆，共有几种可能的情况？

这是一个古希腊的经典问题。它与求已知圆的公切线数目的问题异曲同工。

243

难度：●●○○○○○○○○
要求：👁
完成：☐ 时间：________

替圆着色

已经着好色的那组圆说明了着色的规则。请按此规则给右图未着色的圆着色。注意，颜色和圆的大小没有任何关系。

你能找出这里的规则，并给空白的圆正确着色吗？

244

难度：●●●●●●○○○○
要求：👁 ✏
完成：☐ 时间：________

圆划分的区域

一个圆能把平面分成两个部分：圆的内部和外部。两个相交的圆可以把平面分成4个部分，如下图所示。

现在，考虑一下5个两两相交的圆，其中任何3个圆都不交于同一点。这5个圆能把平面分成几部分？对于n个圆，其分成的平面区域是否有规律可循？

245

难度：●●●●●●○○○○
要求：👁 ✎
完成：□ 时间：________

圆内的多边形

5个点随机分布在圆周上，用一笔连接这5个点。

用这种方法，可以作出多少种不同的多边形？

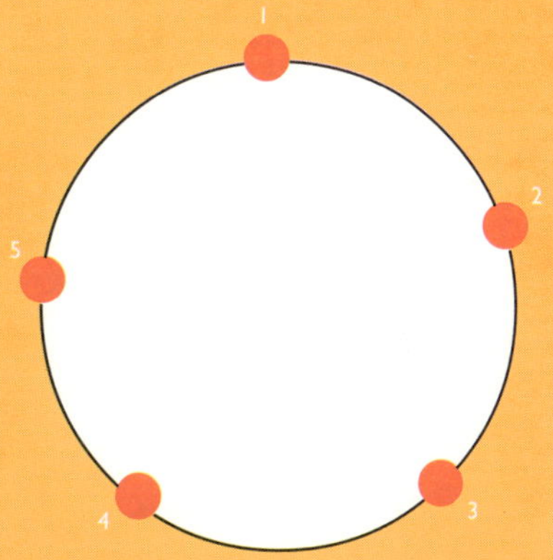

246

难度：●●●●●●●○○○
要求：👁 ✎
完成：□ 时间：________

相切的圆 1

3个颜色不同，大小相同的圆可以两两相接触，而相接触的圆中没有颜色相同的。

现在，要你排列一些大小相同的圆，使其中任何两个相同颜色的圆不互相接触。有4种颜色，最少需要多少个圆？

247

难度：●●●●●○○○○○
要求：👁 ✎
完成：□ 时间：________

16 枚相接触的硬币

在桌上平铺 16 枚硬币，条件是每枚硬币都与另外 3 枚相接触，且硬币间不能产生重叠。

248

难度：●●●●●●●○○○
要求：👁 ✎
完成：□ 时间：________

圆圆相嵌

图中，一个圆是一个正方形的外接圆，另一个是这个正方形的内切圆。这两个圆的面积有什么关系？

249
难度：●●○○○○○○○○
要求：👁 ✂
完成：□ 时间：________

管中幻象

透过这个纸板管道上的小孔，你能看到什么？

250
难度：●●●●●●○○○○
要求：👁 ✏
完成：□ 时间：________

橙色和黄色的球

请你把 6 个黄色的和 4 个橙色的球组成如图所示的等边三角形，使其中任意一个等边三角形的三个顶点不能都由黄球构成。图中的例子错误，因为有 3 个黄球可以构成一等边三角形的三个点。

251

难度：●●●●●●●●●●
要求：
完成：□ 时间：________

滚动的球

两个卡在两条轨道间的相同大小的滚筒能够在滚动时保持相对位置不变。那如果一个滚筒是另一个的两倍大，这种情况还可能发生吗？

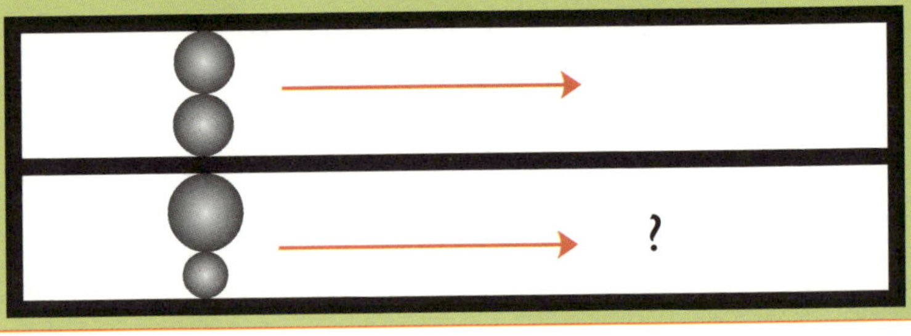

252

难度：●●●●●●●●●●
要求：
完成：□ 时间：________

跳跃的硬币

把6个标有数字的硬币叠放成两堆，每堆3个。每移动1个硬币，这个硬币必须恰好跃过其他3个硬币。比如，开始时，你可以移动硬币2，让它跃过硬币3、4、5，最后叠在硬币6上。

最多移动5次，你能完成吗？

253

难度：●●●●○○○○○○
要求：👁 ✎
完成：☐ 时间：________

相切的圆 2

3 个圆两两相切，图中用黑色标明切点。如果要得到 9 个这样的切点，最少要有几个圆相切？

254

难度：●●●●●●●○○○
要求：👁 ✎
完成：☐ 时间：________

内接圆

如图所示一个直径为 1 的圆有一个内接等边三角形和一个正方形。

你能计算出这三个内接圆的直径吗？

255

难度：●●●●●●●●○○
要求：👁 📄 ✂
完成：□ 时间：________

连环半圆形

如何把这8个半圆形连到下面这排搭扣上，使任何两个半圆形不相交。半圆形可以挂在这排搭扣的任意一侧，但半圆形不能共用一个搭扣。

256

难度：●●●●●●●○○○
要求：👁 ✏
完成：□ 时间：________

圆花饰的周长

圆花饰是一种由许多通过一点的圆所组成的图饰。由半径为1的圆组成的圆花饰，其周长和半径为2的圆的周长哪个大？

257 难度：●●●●●●●●●● 要求：👁 ✎ 完成：☐ 时间：________

九点共圆

图中的白色三角形有一些有趣的特性：三边的中点、三条高的垂足和三个顶点到重心（三条高的交点）的中点都在同一个圆的圆周上。

是不是每个三角形都有这种九点共圆的性质？

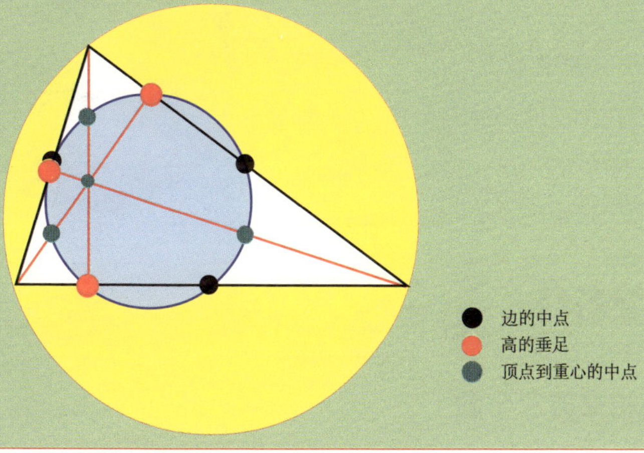

258 难度：●●●●●●●●●● 要求：👁 完成：☐ 时间：________

死里逃生

琼斯正在一条正方形隧道里跑，希望能躲开一块向他滚来的大圆石。方形隧道的宽度和圆石的直径一样，都是 20 米。

隧道还有很远才能到尽头。他会被石头压扁吗？

259

难度：●●●●●●●●●●
要求：👁 ✎
完成：☐ 时间：________

小木牌上的问题

两个相同的圆中有相同的内接多边形。但这两个多边形被分割成不同的三角形。每个三角形都包含一个内切圆（能包含于其中的最大的圆）。

请你比较一下这两组圆的直径之和。是不是有一组的更大些呢？

260

难度：●●●●●●●●●●
要求：👁 ✎
完成：☐ 时间：________

相交的三个圆

我们把3个相交的圆两两之间的交点用线段连接起来。真奇怪，这三根弦竟交于同一点！

是不是对于任意3个两两相交的圆，都会有这种情况发生？

261

难度：●●●●●●●●●●
要求：👁 ✎
完成：☐ 时间：________

圆的切线

3 个不同大小的圆随机放置，如图所示。作出所有两圆的公切线。令人惊讶的是，三组公切线的交点竟在同一直线上。

这是巧合，还是必然？

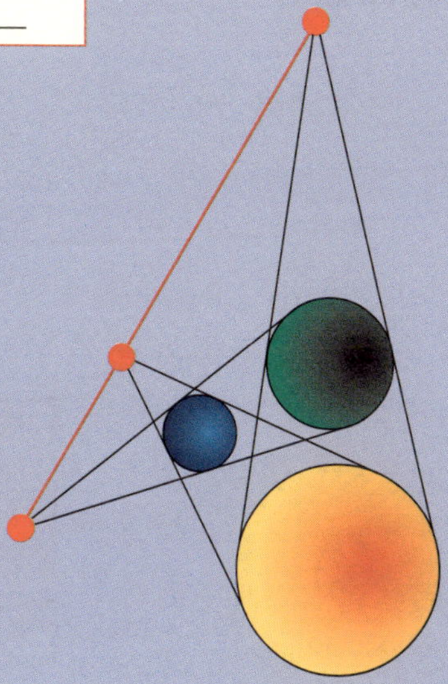

262

难度：●●●●●●●●●●
要求：👁 ✎
完成：☐ 时间：________

翻硬币

7个硬币都正面朝上。现在要求你把它们全部翻成反面朝上。但每翻一次必须翻 5 个硬币。根据这条规则，你最终能把它们都翻成反面朝上吗？需要翻几次呢？

263

难度：●●●●●●●●●●
要求：👁 ✎
完成：☐ 时间：________

一起滚的球

两只小球从一矩形边上的同一点出发沿矩形滚动，一个在矩形内部，一个在外部——直到它们最终都回到起点。

如果矩形的高是小球周长的两倍，而矩形的宽是它的高的两倍，那么，从起点回到起点，两个小球各转了几圈？

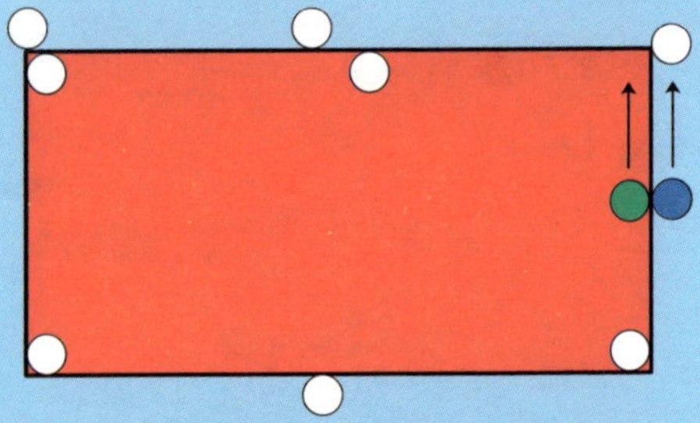

264

难度：●●●●●●●●
要求：👁 📄 ✂
完成：☐ 时间：________

放圆入方

填塞问题涉及把一定尺寸的物体放进给定区域或空间。试试这个简单的例子。把 10 个黄色的圆放入红色的正方形中（圆的半径和正方形边长之比是 0.148204），不允许圆重叠或超出正方形的范围。

265

难度：●●●●●●○○○○
要求：
完成：□ 时间：________

在大圆中放 12 个圆

12 个相同大小的圆可以被放入一个直径是它们的 4.02 倍的大圆中，这将是最紧密的放法。你能完成吗？

266

难度：●●●●●●○○○○
要求：
完成：□ 时间：________

滚动的硬币 1

如图，黄色的硬币可以沿 7 个位置固定的硬币滚动。当它回到出发点时，这个硬币滚了几圈？它将朝哪个方向？

267

难度：●●●●●●●●●●
要求：👁 ✎
完成：□ 时间：________

滚动的圆

一个小圆沿着一个直径是它的 3 倍的大圆的圆周滚动，当它回到起点时，它转了几圈？

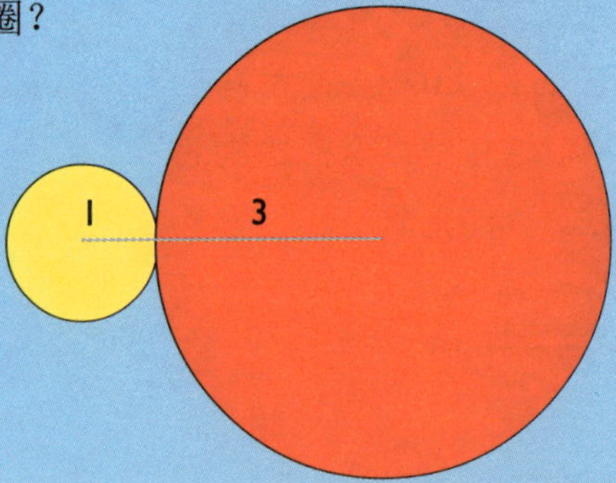

268

难度：●●●●●●●●●●
要求：👁
完成：□ 时间：________

滚动的硬币 2

如图所示，两个相同的硬币并排放着。固定右边的硬币 2，让左边的硬币 1 沿着硬币 2 的边缘从它的上方绕到它的右边。这时硬币 1 上的头像是朝左、朝右还是颠倒的呢？

269

难度：●●●●●●●●●●
要求：👁 ✎
完成：☐ 时间：________

填圆盘

有两种方法在平面内排列圆盘，如下图所示。你能求出平面被圆盘覆盖的面积占整个平面的百分比吗？

图注：hexagonal（triangular）packing 六角形（三角形）点阵

rectangular（square）packing 矩形（正方形）点阵

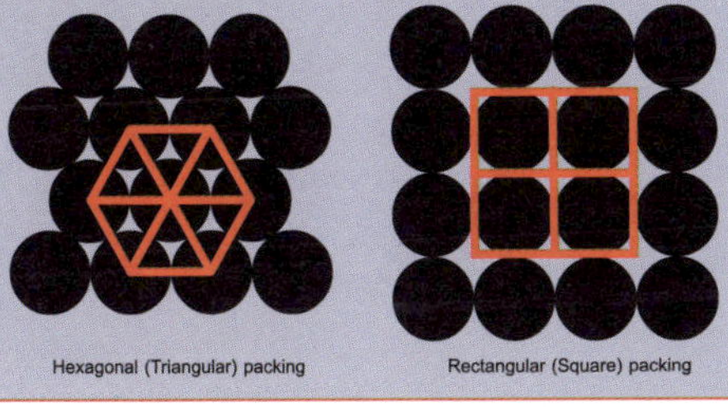

270

难度：●●●●●●●●●●
要求：👁 ✎
完成：☐ 时间：________

填球体

你能把多少个相同的球放进一个直径是它们 3 倍的大球中？

271

难度：●●●●●●○○○○
要求：👁 ✎
完成：☐ 时间：________

内摆线

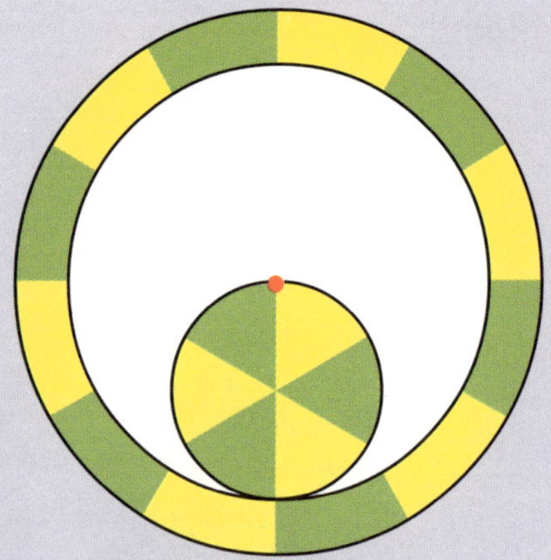

一个小圆在一个直径是其 2 倍的大圆内滚动。滚了一圈后，小圆上的某一点的运动轨迹是什么样的？

272

难度：●●●○○○○○○○
要求：👁
完成：☐ 时间：________

北极之行

一架飞机从北极点出发，往南飞了 50 公里后往东又飞了 10 公里。此时，飞机离北极点多远？

273

难度：●●●●●●●●●●
要求：👁
完成：☐ 时间：________

五个一列

只能移动一枚硬币，你能否得到这样两列：其中每列都包含五枚硬币？

274

难度：●●●●●●●●●●
要求：👁 ✎
完成：☐ 时间：________

滚动的轮子

火车的轮子沿着铁轨滚动。为使火车不脱轨，每个轮子的边上都有一圈用来卡住铁轨的边缘，延伸到铁轨下方。你能画出轮子滚动时下面这三点的运动轨迹吗？

- 轮子内部的一点。
- 轮子贴着铁轨的边缘上的一点。
- 轮子外圈的边缘上的一点。

275

难度：●●●●●●●●●●
要求：👁 ✎
完成：☐ 时间：________

切割球体

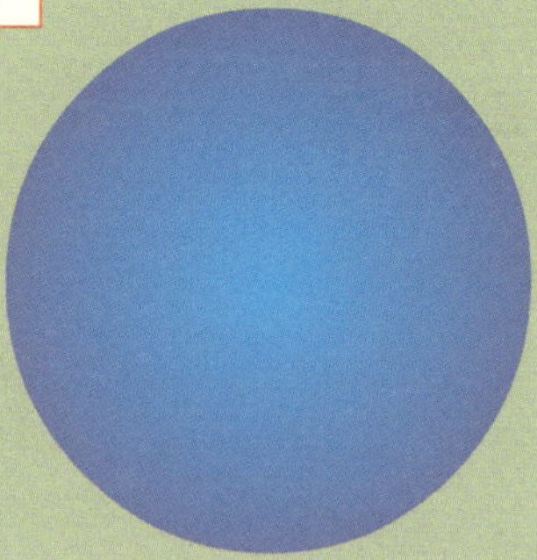

假设这个球被切了4刀，每一刀都穿过整个球。你知道这4刀最多能把球分成几部分？

276

难度：●●●●●●●●●●
要求：👁 ✎ ✂
完成：☐ 时间：________

罗勒斯三角形

一个形状奇特的三角形嵌在一个正方形内。这个三角形是这么来的：首先在正方形内画上一个等边三角形，然后以三角形的每个顶点为圆心，作一条连接另两个顶点的弧，然后你就得到了罗勒斯三角形。这是由罗勒斯于1875年最先发现的，其每一条弧的宽度等于此等边三角形的边长。

如果这个三角形在正方形内转动，你能想像出在转了几圈后，图中蓝色的点的运动轨迹吗？

277 难度：●●●●●●●○○○
要求：👁 📄 ✂
完成：☐ 时间：________

六边形跳棋盘

把底部红色的圆盘移动到顶部标有红点的格子里。每一步你都得把一个圆盘移动到空的格子里（图中用白色的圆表示）。比如，作为第一步，你可以把绿色圆盘往下移动到空格里，或把蓝色圆盘往上移一格。但你不能在第一步移动黄色圆盘，因为供它通过的空隙太窄。根据这条规则，任何时刻只有两步可行。

你能在50步内完成目标吗？

278 难度：●●●●●●●○○○
要求：👁 ✏
完成：☐ 时间：________

螺旋

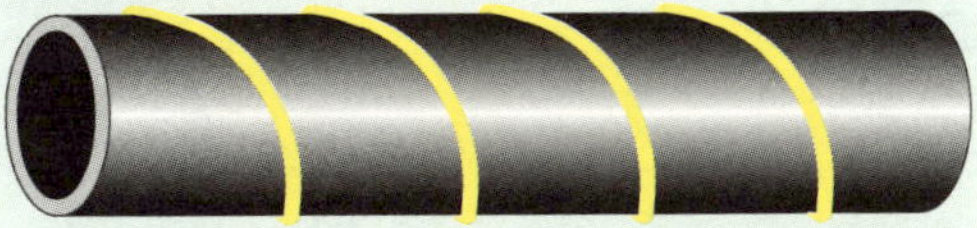

一根绳子在一圆柱上绕了4整圈，如图所示。圆柱底面周长4米，长12米。绳子有多长？

279

难度：●●●●●●●●●●
要求：👁 ✎
完成：□ 时间：________

圈起地球

假设地球是正圆的，然后假设赤道是一条在地球表面收紧的皮带。如果你把这根皮带放松两米，并使之脱离地球表面，那它将离地球表面多远？换句话说，你可以把这根皮带拉到离地多高？答案是0.03米、0.3米，还是3.3米？

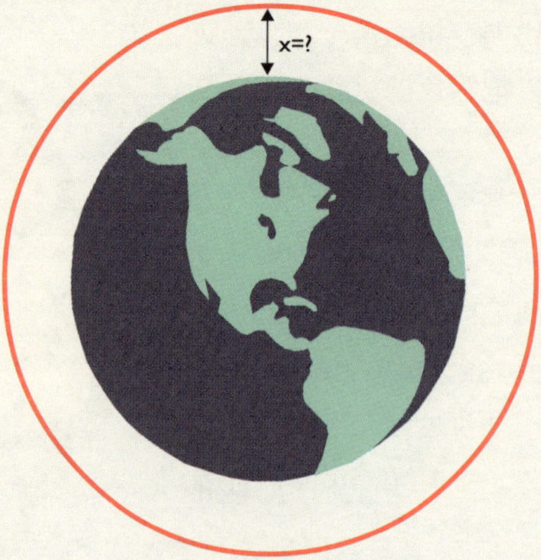

280

难度：●●●●●●●●●●
要求：👁
完成：□ 时间：________

球形表面

一个球体恰好能放进一个底面直径和高都与其直径相等的圆柱体中。它俩的表面积哪个大，是球体还是圆柱体？

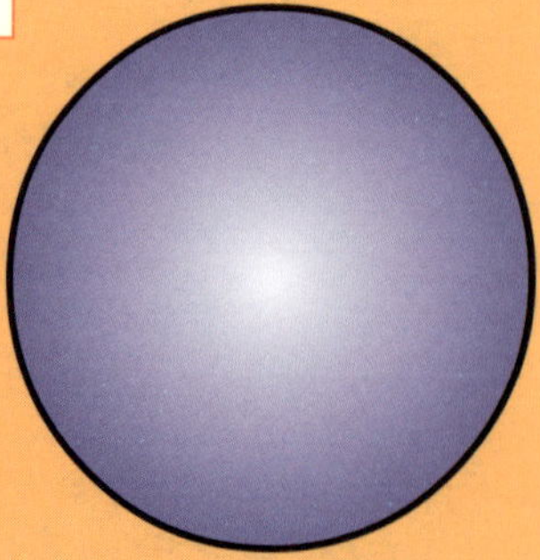

281 难度：●●●●●●●●●● 要求：👁 ✎ 完成：☐ 时间：________

球的体积

一个圆柱体、一个圆锥和一个球体等高等宽。那它们的体积有什么关系？

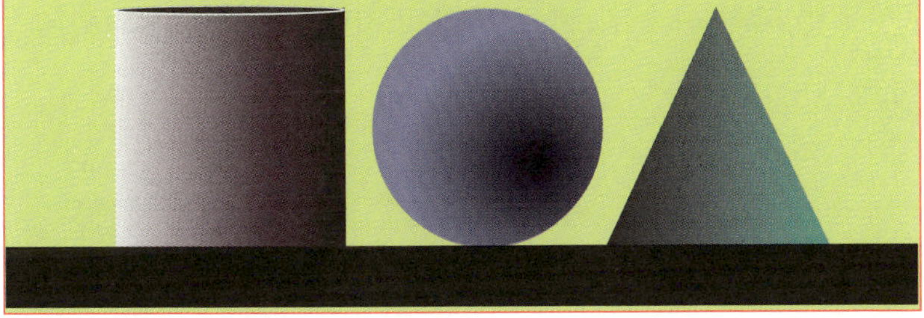

282 难度：●●●●●●●●●● 要求：👁 ✎ 完成：☐ 时间：________

摆线的面积

你能计算出摆线与其底所围图形的面积吗？摆线的长度和构成摆线的点所在圆又有什么关系？

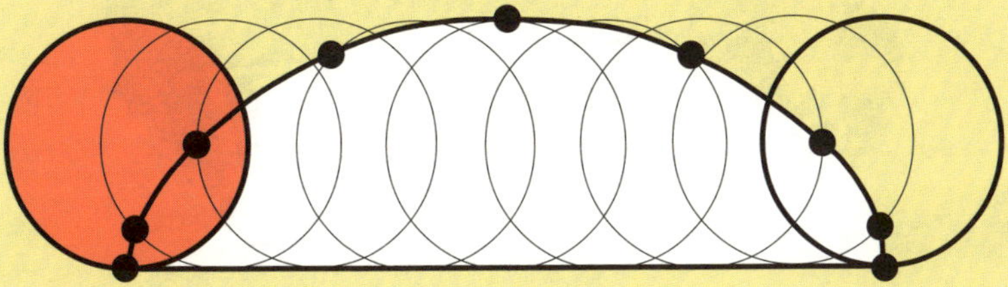

283

难度：●●●●●●●●●●
要求：👁
完成：☐ 时间：________

塞球入箱

国王有一个长方形的箱子，里面紧紧塞着20个金球。每个球都被其他球卡住，所以无论箱子如何动，这些球都不会在箱子里滚动。

最多拿出几个球，还能保证剩下的球不会在箱子里滚动？

284 难度：●●●●●●●●●●
要求：👁
完成：☐ 时间：________

谁下落得快

4个相同的小球沿四条不同的轨道同时下落。在由折线、直线、圆弧和摆线构成的轨道中，哪条轨道上的小球能最快地下落到另一端？

（图注：bent 折线、straight 直线、circular 圆弧、cycloidal 摆线）

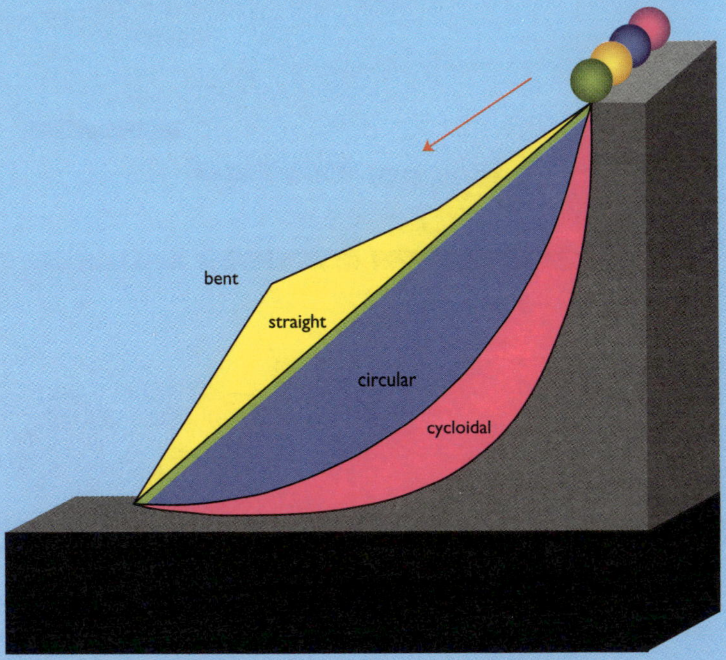

285

难度：●●●●●●○○○○

要求：👁

完成：□ 时间：________

等宽度曲线

一个圆可以在两条平行轨道间滚动而保持轨道不移动。而一个椭圆若要贴着两条平行轨道滚一圈，轨道则得上下移动两次。

研究下面五个图形。你能说出哪些能像圆一样，滚动时保持轨道不动，而哪些又像椭圆一样会让轨道一起跟着动呢？

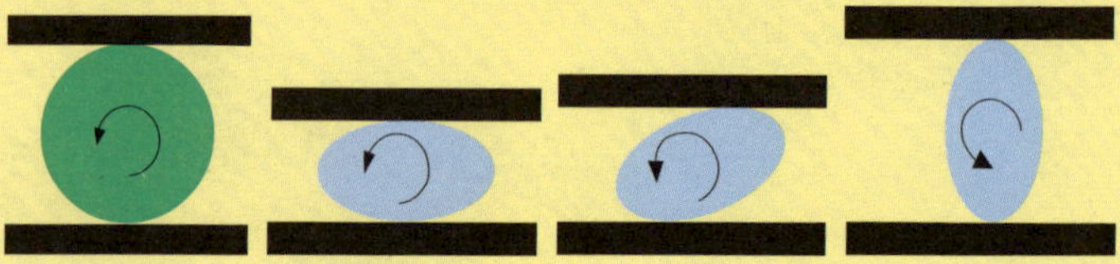

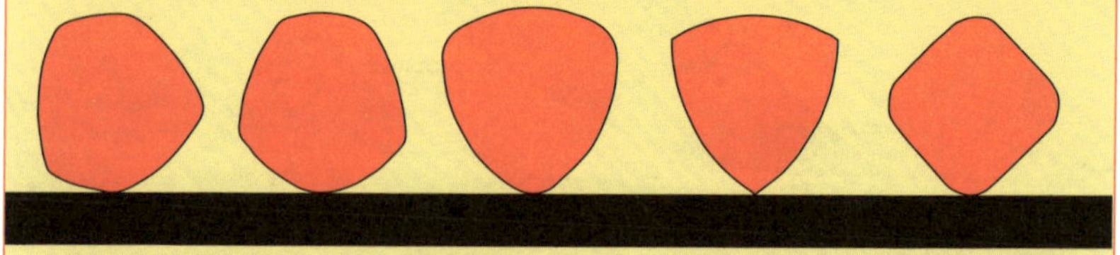

286 | 难度：●●●●●●●○○○ 要求：👁 ✎ ✂ 完成：□ 时间：________

多边形的轮子

你能说出下面画的多边形滚动时，它们上面标出的点的运动轨迹吗？

你可能不熟悉其中一些图形的滚动方式。把它们用硬板纸剪下来滚滚看，可以使你有直观的认识。

287

难度：●●●●○○○○○○
要求：👁
完成：☐ 时间：________

剑和剑鞘

四个勇士从剑鞘中拔出剑来准备战斗。一把剑是笔直的，另一把是半圆的，第三把呈波浪形，而第四把则是螺旋形的。你能找出其中的错误吗？

288

难度：●●●●●●○○○○
要求：👁
完成：☐ 时间：________

圆锥曲线论

希腊学者阿波罗尼斯在他写于公元前225年著作的《圆锥曲线论》中指出，用平面从不同的角度切割圆锥，可以得到一组曲线。图中，一平面沿1到4这四个方向切割圆锥，分别将得到什么曲线？

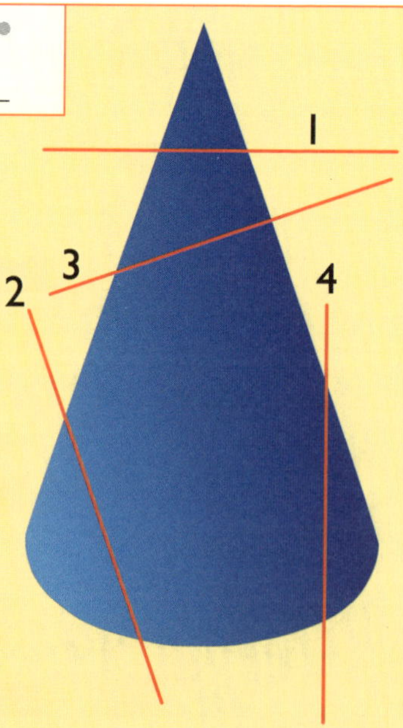

289

难度：●●●●○○○○○○
要求：👁
完成：☐ 时间：________

哪有椭圆

图中这个人非常希望看到一个椭圆。如果他坐在桌边，不用笔、尺、圆规或计算机，他如何才能得到一个椭圆呢？

290

难度：●●●●●○○○○○
要求：👁 ✎
完成：☐ 时间：________

滚动的球外摆线

小圆的半径恰好为大圆半径的一半。

当小圆沿大圆滚动时，其圆周上那个绿色的点将画出一条轨迹。你能想像出这条轨迹的样子吗？不用把它具体画出来，粗略地想一下就行了。

291

难度：●●●●●●○○○○
要求：
完成：□ 时间：________

折出椭圆

不用笔或其他工具，你能用这张圆形的纸折出椭圆吗？

292

难度：●●●●●○○○○○
要求：
完成：□ 时间：________

椭圆的台球桌面

这张椭圆桌面的一个焦点上有一个球，另一个焦点上有一个球洞。尽管球和洞之间有障碍物，是不是仍然有可能把球打进洞？

答 案

答 案

1 把罗马数字12（XII）拦腰切成两半，就成了两个罗马数字7（VII）。

2 如果这条直线与绿色圆形的直径不垂直，那么就可以通过蓝色圆形的圆心作一条与绿色圆形直径垂直的直线，并与直径相交于另一点。

3 16807单位的面粉。就是7×7×7×7×7=16807。这个问题来自古埃及的“沙纸游戏”，由阿米斯记载于公元前1850年。这道可能是世界上最早的智力题，激发了后人的许多灵感。

4 方框是完全相同的。在三维空间中，它们可以紧密嵌套。于是，就有A在B中，B在C中，而C又在A中。

5 5号门。多数情况下，人们会选更方的形状作为答案。这是因为原图中更大的那扇门对观察产生了影响。

6 蛋。注意哦，问题中并没有说是鸡蛋。而据古生物科学研究表明，恐龙和其他爬行动物早在鸟类出现之前就存在了。数亿年前的恐龙蛋化石已经被发现。所以，蛋当然是比鸡先出现的。

7

8 左侧的每个正方形都可以由其右侧的五个长方形构成。

9 皱着眉头的小丑在倒数第二行从右数第13个。人的观察能力容易在相同的一类事物中辨认出不同的。这个原理被用来设计仪表盘：正常情况下，指针都指向一个方向；如果有一根指针指的方向有变化，那么就能很快发现。

10 顺序是黄、橙、红、粉、紫、浅绿、深绿、浅蓝、深蓝。动画片制作也往往采用类似的方法，一个场景中的许多元素都画在透明的背景里，然后把这些元素按照一定的顺序叠加起来，就产生“动起来”的效果。

11

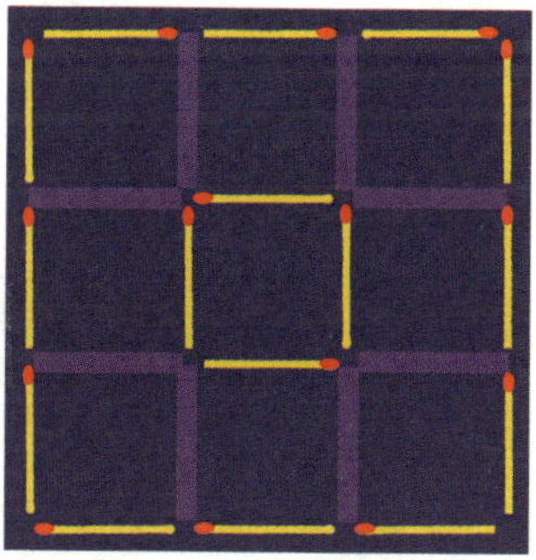

12 答案不唯一，这里给出其中一种。

13 两者概率相等。但在心理学研究中发现，大约有40%的人更愿意一次性抽取彩票，哪怕是有50次机会让他每抽取一张后将没中奖的放回。

14

1 + 2 + 3 + 4 + 5 = 15

1 × 2 × 3 × 4 × 5 = 120

15 5、7和9。首先，2520可以被5和10整除，根据条件排除10，所以其中有一个数必是5。

把已知数相加1+8+5=14，得出30-14=16，所以剩下的两数之和为16。

把已知数相乘1×8×5=40，而2520÷40=63，所以剩下两数之积为63。

和为16、积为63的两个整数只能是7和9。

16 这个问题很容易让人产生思维定势，但是请看，答案还是挺简单的。

17 如图所示，关键就在于一开始要多放两块骨牌当桥墩。当搭起了足够多的骨牌后，桥也就稳定了，这时就可以把多余的桥墩拿走了。

18 12次。如果抽屉里是袜子，那么你只需取出四只就一定可以得到匹配的一对。但是手套与袜子不同的是手套的左右是不一样的。取出的两只手套如果颜色相同，那也有可能它们都是左手的或者都是右手的，不能组成一副。所以，要保证取出的是一副手套，就得把每种颜色的左手手套或者右手手套取完，再任意取一只就一定能配对了。

19 如图所示，有一个6×6的正方形、六个3×3的正方形、三个2×2的正方形和八个1×1的正方形，共18个正方形。

20 著名的智力题创作者萨姆·劳埃德创作了这个经典的T型拼图游戏。它太简单了，就只有这么几块拼图。但这也很容易让人产生思维局限。如果是这样就很难拼出答案。打破思维局限，最终你才会灵感一闪，伴随着创造性思维所带来的喜悦，答案随之而来。

21 十步完成。所有的移动都是顺时针方向的。

初始图

第一步，水平移动；第二步，竖直移动

第三步，水平移动；第四步，竖直移动

第五步，水平移动；第六步，竖直移动

第七步，水平移动；第八步，竖直移动

第九步，水平移动；第十步，竖直移动

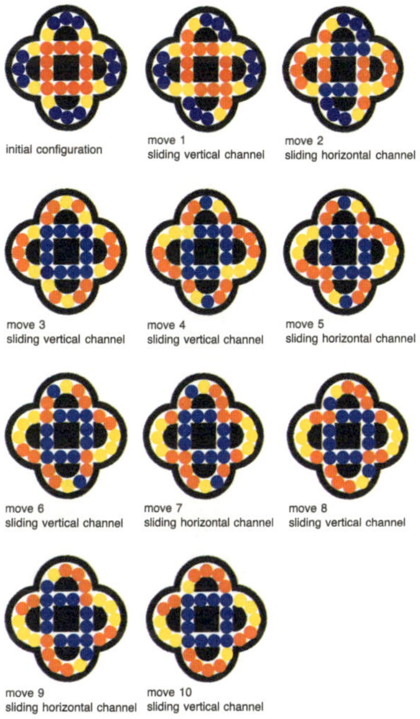

22 外星人抓到这个人的概率是1/4。四条激光束共有16种可能的组合。其中四种组合可以构成长方形：

左、左、左、左；

左、右、左、右；

右、左、右、左；

右、右、右、右。

所以成功的概率是4/16=1/4。

23 伊凡没有发明过玩具。解决这个问题最好的方法是列出如图所示的图表。

可以发现，如果格里说的是对的，玩具数大于100，那么安妮塔说的也是对的。

如果乔治说的是对的，玩具数在0和100之间，那么当玩具数在1和100之间时，安妮塔说的也是对的；当玩具数为0时，三个人中只有乔治说的是对的。

如果安妮塔说的是对的，玩具数大于1，那么乔治说的也是对的。

伊凡就藏在一张变形的图中。要想找到他，请从这一页的底部通过一个高度倾斜的角度去看。

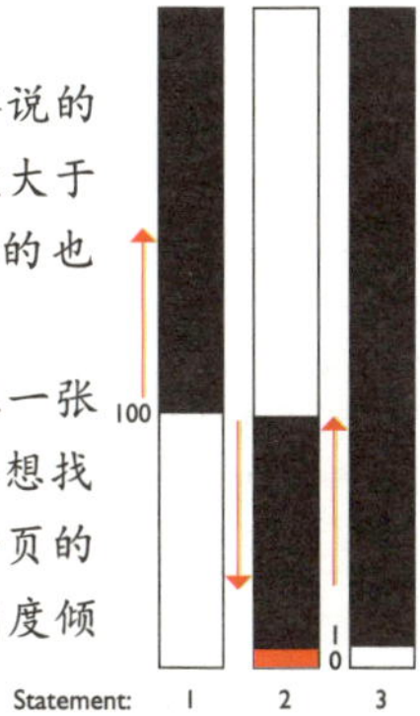

24 宝藏在黄色岛上。

如果宝藏被埋在橙色岛上，那么藏宝图中所有的说法都是错误的。

如果宝藏被埋在紫色岛上，那么藏宝图中所有的说法都是正确的。

如果宝藏被埋在黄色岛上，那么藏宝图中只有对紫色岛的说法是错误的。因此，宝藏就在黄色岛上。

25 720种。

如果这七匹马没有围成圈，那么总共应7！=5040种可能。但现在它们围成一个圈，以任意一匹马开始都可以作为一个排列，即一个圈包含7种不同排列，所以答案应该是7！/7或6！（=720）种方式。

26 这条书虫走了19厘米。

你要看清楚这五本书摆放的位置。书虫吃了第一本的封面、第五本的封底和第二本、第三本、第四本的全部。即0.5+0.5+6×3=19（厘米）。

27

有60种涂法。

第一步你得找出从这五种颜色里选三种的组合数。用公式计算，可得：

5! /(3! ×(5-3)!)=(5×4×3×2×1)/(3×2×1×(2×1))=120/12=10

也就是说，从这五种颜色里选三种共有10种选法。而把选出的颜色涂到面具上，还有3! (=6) 种可能的顺序。因此，共有10×6=60（种）可能。

28

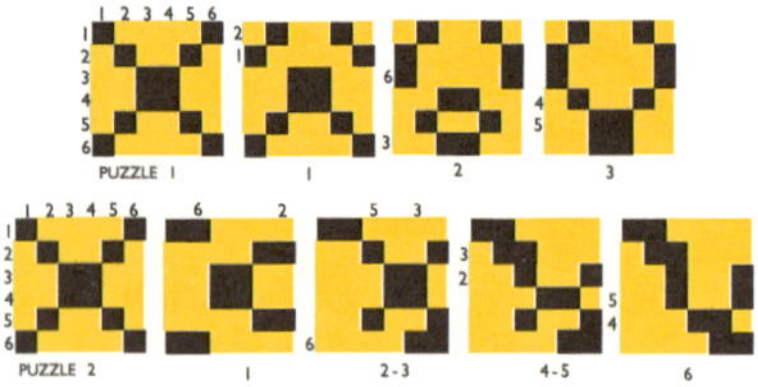

29

30

他说错了。概率是1/4。

一枚硬币有正反两种可能，两枚硬币则有四种可能，三枚有八种可能。

硬币1	硬币2	硬币3
正面	正面	正面
正面	正面	反面
正面	反面	反面
正面	反面	正面
反面	正面	正面
反面	反面	正面
反面	正面	反面
反面	反面	反面

其中只有两种情况是全部正面朝上或全部反面朝上，即概率是2/8=1/4。

31

32

信息就隐藏在变形的图像中。通过一个很倾斜的角度看这一页，你可以看到英文单词“HELLO”。

33

2+2=4

2+3=5

5-2=3

6-3=3

34

1+2=3 正确

2+2=4 正确

3+2=4 错误

三角形代表“加”，菱形代表“等于”，五边形代表“正确”，六边形代表“错误”。

35

36

他们很容易就能分开。

如图所示，其中一人用双手抓住他的绳子，这样他的绳子就会在另一个人的那边形成一个松开的、没有拧的环。然后他把绳子穿过另一个人手腕上的圆圈，要想保持绳子不扭曲，只能穿过一只手腕。然后，把绳圈绕过另一人的手指并从套索中拉出，他们就自由了。

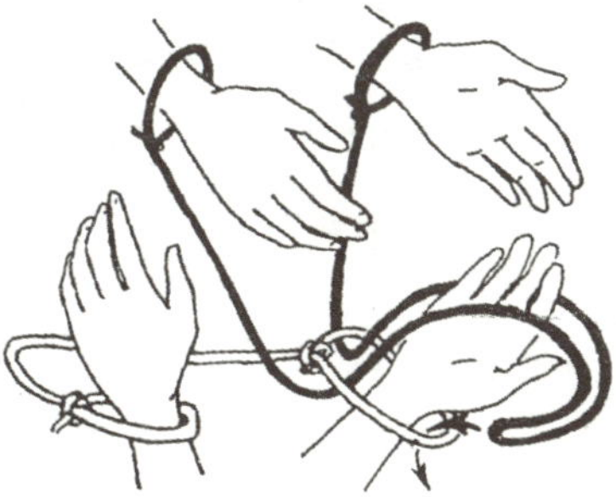

37

6+6/6=7

38

可以装进箱子（如图所示）。

根据勾股定理（直角三角形的两条直角边的平方和等于斜边的平方）可以计算出箱子体对角线（前方左下角到后方右上角）的长度。首先求得底面上的对角线长为50厘米，再和高一起算出箱子的体对角线长约为70.7厘米，刚好可以把剑放进去。

（图：diagonal of box箱子的对角线；diagonal of base底角对角线）

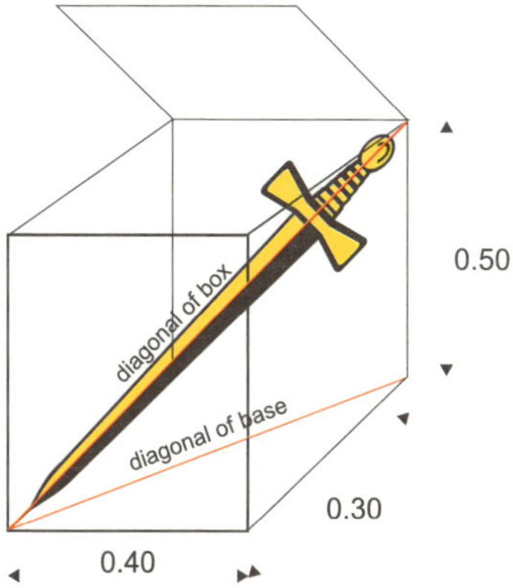

39

答案非常简单，是不是有人根本没往这儿想？

40

41

答案是人。

人在婴儿时期用四肢爬行，长大后用两条腿走路，老了之后拄拐杖行走。

42

43

瓢虫先生有黄斑点，瓢虫小姐有红斑点。他们俩都撒谎了。

两个说法的真假有四个可能的组合形式：

（1）真/真

（2）真/假

（3）假/真

（4）假/假

第一种情况不可能，因为至少有一个说法是假的。第二种和第三种情况也不可能，因为如果一个说法是假的，那另一个也不可能是真的。符合逻辑的只有第四种情况：两只瓢虫都在说假话。

44

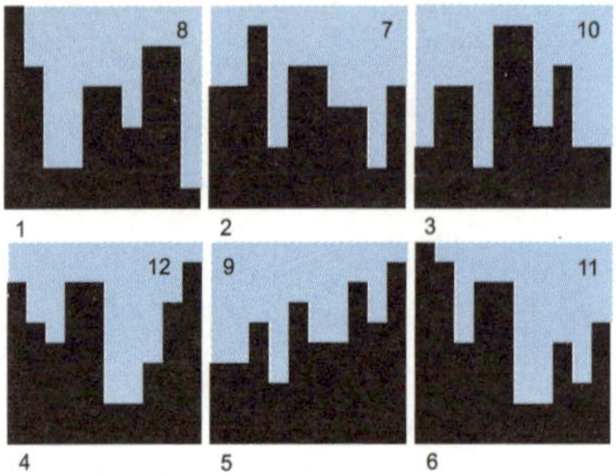

45

不可能画出。

如果从黑色闭合曲线外部开始画，那么相交奇数点后它将在黑色曲线内部。如果要使画的红色曲线闭合，就得再次穿过黑色曲线，那么得到的是偶数个交点。同时，不只是有9个交点是不可能的，任何奇数个交点都是不可能实现的。

46

如图所示，大地毯恰好遮住了小地毯的25%。

47

48 是的。

最好的情况是丢的袜子恰好是一双，还有四双袜子。如果把袜子编号为A1、A2、B1、B2、C1、C2、D1、D2、E1、E2，那么丢的袜子应该有A1-A2、B1-B2、C1-C2、D1-D2或E1-E2，这五种可能。

最坏的情况是丢的袜子不是一双，还有三双袜子。如果五双袜子的左右两只是相同的，那么丢了的袜子可能是：

A1-B1、A1-B2、A1-C1、A1-C2、A1-D1、A1-D2、A1-E1、A1-E2；

A2-B1、A2-B2、A2-C1、A2-C2、A2-D1、A2-D2、A2-E1、A2-E2；

B1-C1、B1-C2、B1-D1、B1-D2、B1-E1、B1-E2；

B2-C1、B2-C2、B2-D1、B2-D2、B2-E1、B2-E2；

C1-D1、C1-D2、C1-E1、C1-E2；

C2-D1、C2-D2、C2-E1、C2-E2；

D1-E1、D1-E2；D2-E1、D2-E2。

共有40种可能。

如果五双袜子的左右两只是不同的，那么丢了的袜子可能是：

A-B、A-C、A-D、A-E；

B-C、B-D、B-E；

C-D、C-E；

D-E。共有10种可能。

可见，发生最坏情况的可能性是发生最好情况可能性的8倍或2倍。

49 如图所示，水平对折，然后沿着红线裁剪，打开后，除两端外，将折线剪开，就会得到一个纸环。

50 1/5040。

七个数字所有可能的排列共有7阶乘（7！即7×6×5×4×3×2×1）种，即5040种。拨出一个号码即正确的概率是1/5040，大约为0.02%。要想进一步理解阶乘，请参阅“排列组合”。

51

52

53

有六个人参加会议。

每人各握了五次手，除去重复两人握手的次数，参会者一共的握手次数是15次。

54

五种（如图所示）。

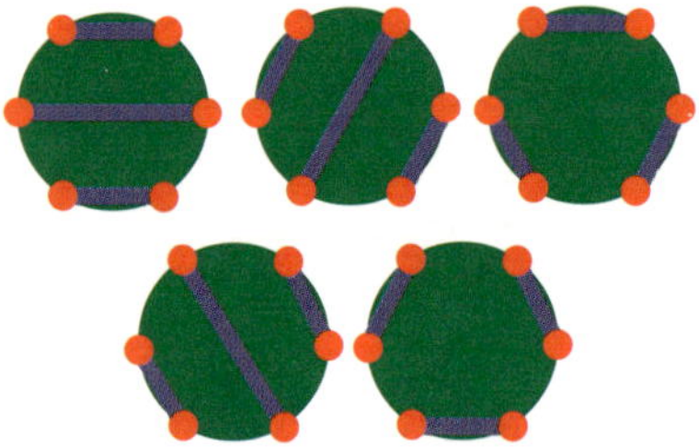

55

（图注：按顺时针顺序分别是三角形、四边形、五边形、六边形）

56

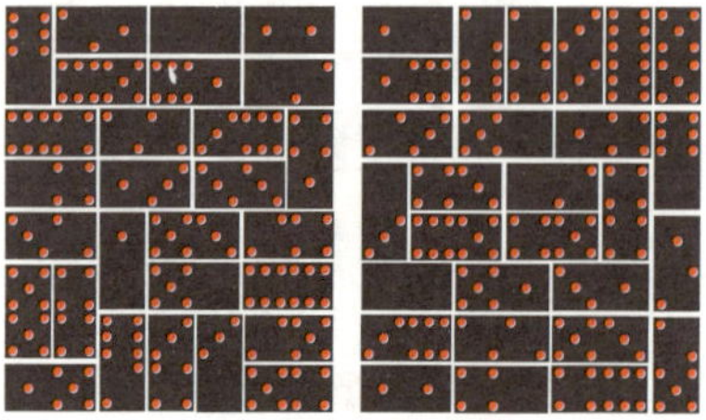

57

把第一句中的单词man（可以指人或男人）改为person。

不然的话，可以理解为可能这个man有妻子或者女儿，是她们在敲门。

58

36次。

最多需要试：8+7+6+5+4+3+2+1=36（次）。

59

每一行中的所有黄色图形都可以构成一个正方形。

60

61

62

第二个没有被用上。

63

0.45美元。

因为9根香蕉、9个橘子和9个苹果总价4.05美元，每种水果各要一个就是总值的1/9，即0.45美元。

64

有七个人。

一对夫妻、他们的三个孩子（两女一男）以及丈夫的父亲和母亲。

65

根据她们的话，可以得知小蓝穿粉色或绿色的衣服。而回答她的人穿着绿色衣服，可得出小蓝穿粉色衣服。那么，穿蓝色衣服的是小绿，穿绿色衣服的是小粉。

66

可以写出四个数：222、22^2、2^{2^2}、2^{22}。

$22^2=484$；$2^{2^2}=2^4=16$；$2^{22}=4194304$。

67

从标有“15分”的储蓄罐中倒出硬币，就可以判断出所有储蓄罐的正确金额。因为已知所有的标签都贴错了，所以它里面不可能存着值15分的硬币，只可能放两枚5分硬币或两枚1角硬币。如果倒出的是一枚1角硬币，那么这个标有“15分”的储蓄罐中放着两枚1角硬币；标有“20分”的储蓄罐中放着两枚5分硬币；标有“10分”的储蓄罐中放着一枚5分硬币和一枚1角硬币。

68

不能决定D-11和B-13的顺序。类似地，C-12可以被放在8到12步的任意一步。（如图所示）

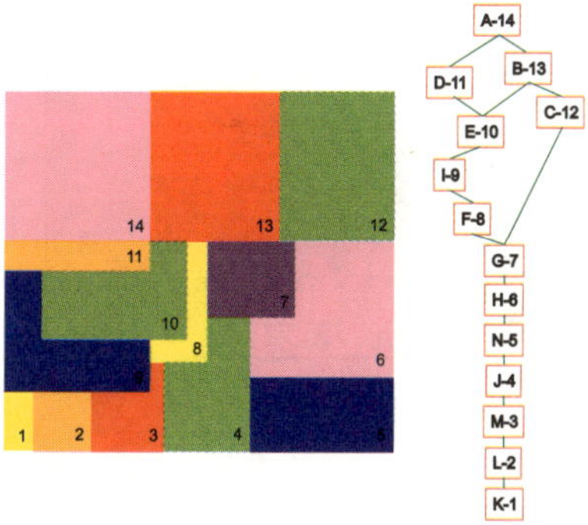

69

第五个图不是。

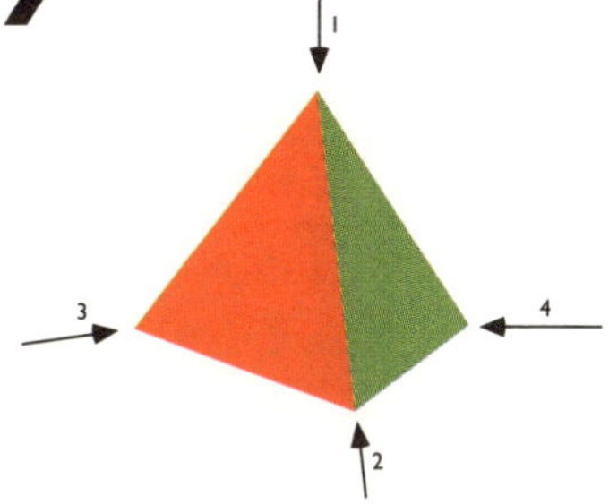

70 第三幅不可能。

两张出现在对角上的邮票不可能叠起后相邻。

71 第三张卡片没有出现。

72 每一个字母都代表字母表上它前面的一个字母。答案是“ONE THOUSAND PLAY THINKS”。

73

74 重叠后，纸带可以组成一个六角星形。

75

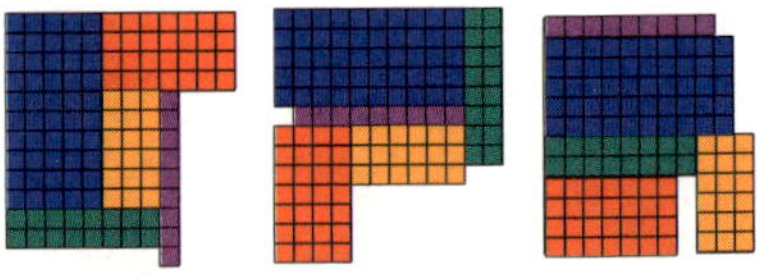

76

77

78 驴。

图案是由六只动物组成的，每次重复该顺序时，序列中的第一个动物将被省略。如果每只动物都是一个数字，那么序列号将为：123456234563456456566。

79 第一行第三个不能与其他的配对。

80

可以的。

最多能在棋盘上放32个马。

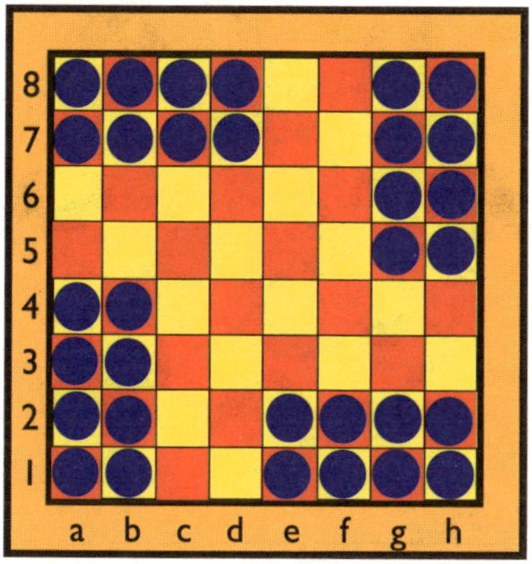

81

1/6。

三个人随机取三顶帽子共有六种取法：ABC、ACB、BAC、BCA、CAB、CBA。

82

双数行中有几个字母和上面单数行的不同，而正是这些字母组成了一句话：“There is only one good knowl edge and one evil ignorance.”（世上只有一件东西是好的——知识；也只有一件东西是坏的——无知。）

83

硬币落在角落的概率大约是50%。

一般来说，一个硬币覆盖一个角的概率可以通过将硬币的面积除以游戏板的一个正方形的面积来计算。

84

它们是60、72、84、90、96。

85

86

切四次。切完后，金条小段的长度分别是1厘米、2厘米、4厘米、8厘米、16厘米。

87

88

导游给出的顺序是：红、蓝、蓝、蓝、蓝、红。

最终，游客都将聚集到中央的山洞。而且，从这个山洞出发的游客也会回到这个山洞。

89

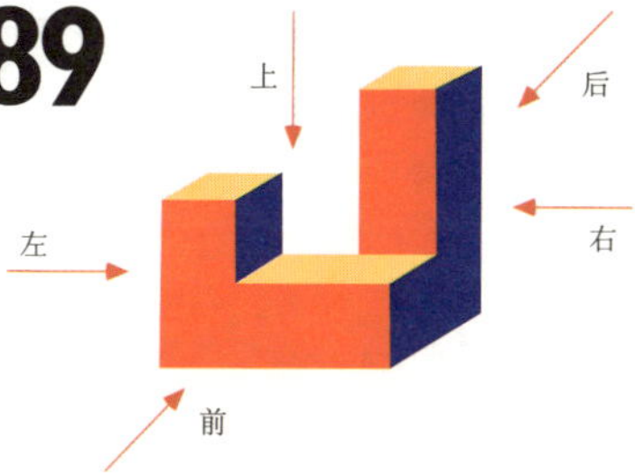

90

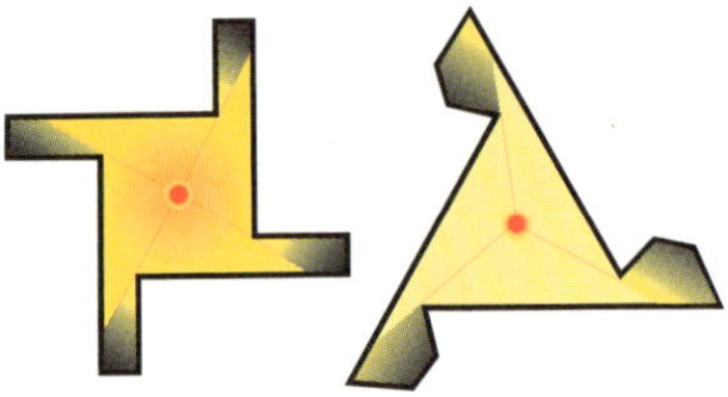

91

92

这张表中16个视图正确地组合在一起：

A /15	E/10	I/14	M/13
B/11	F/12	J/7	N/1
C/8	G/16	K/9	O/4
D/6	H/3	L/2	P/5

多视图将空间感觉和逻辑结合在一起——想像三维视图的能力。

事实上，给出的顶视图和正面视图非常符合建筑师们所谓的计划和正面图。计划代表了地面上水平展示的图形，而正面图是从计划的尺度中正确且立即获得的正面视图。

93

94

95

96

97

从标着红色的点看，这是一个完整的正方形。这个正方形被分成七个颜色不同的部分。

98

每个数字是它正上方的两个数字之和。

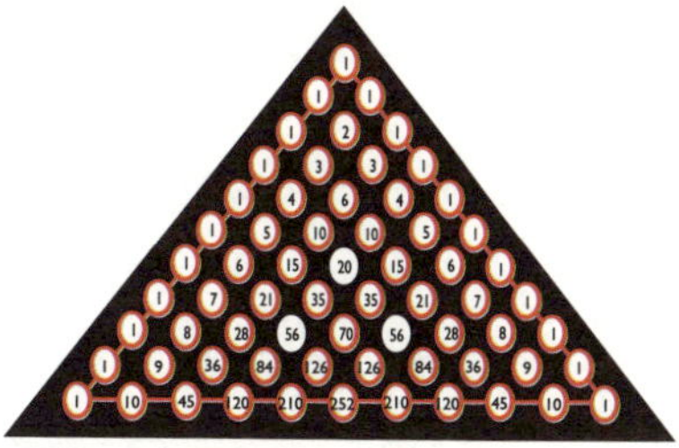

99

在出租车几何学中可以有许多种正方形的形状。如图所示是三个边长为六个街区的正方形。

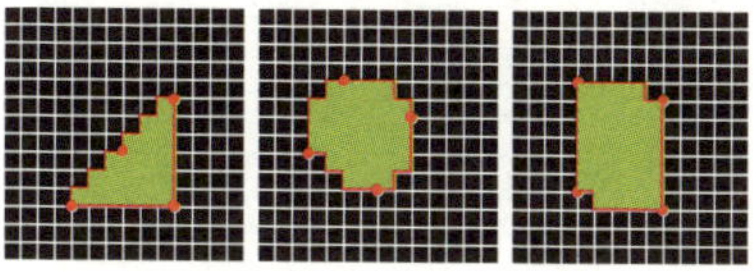

100

在方格城市中，连接全部四个点的最短路线的长度是20个街区。

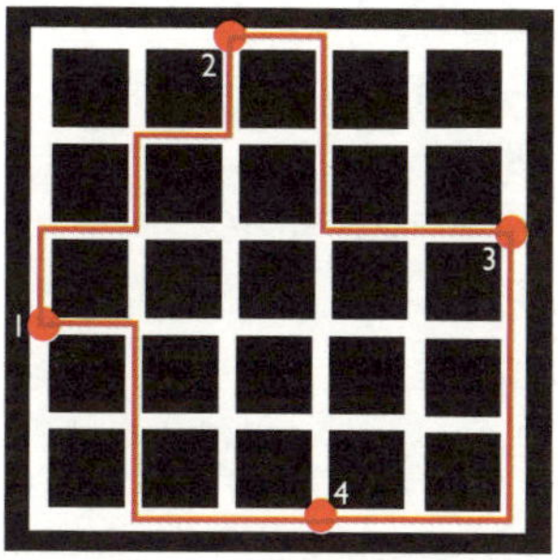

101

在一个如图所示中的方格城市中，通常两点之间有不止一条最短路径。比如，你可以顺时针走，也可以逆时针走——这两条路径有时就是等长的。

要得出到每个交点的最短路径的数目，首先用1标记起点，这表示原地不动是到达起点的最短路径。到拐角处的最短路径是一条直线，因此用1标记最近的每一个拐角处。如果有两条同样短的路径到起点对面的拐角处，则用2标记该点。如果你仔细填写网格，然后倾斜网格一点（如图所示），那么你就应该看到著名的杨辉三角形（问题98）的一部分。

B点就位于标有“210”的地方。因此，A点和B点之间最短路径就有210条。

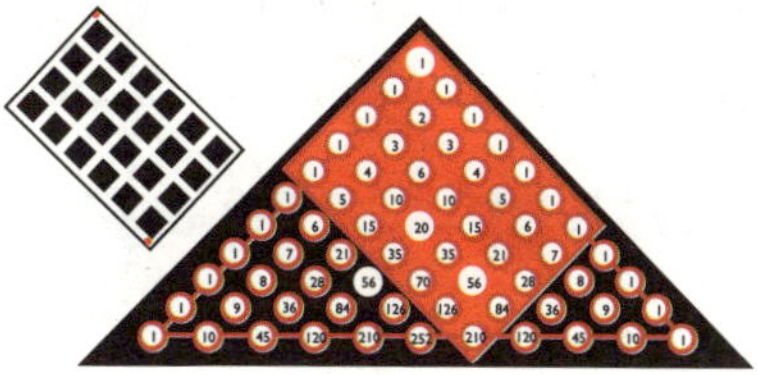

102 在出租车几何中，圆就是正方形。用红色标记的半径为1千米的圆，相交于用绿色标记的半径为2/3千米的圆（不过圆心要往东两个街区）。这两个圆相交于九个不同的点。

一般情况下，任意两个相交的圆最多只能有两个交点，但是出租车几何允许两个相交的圆有任意多个交点。正方形越大，它们就有越多的交点。

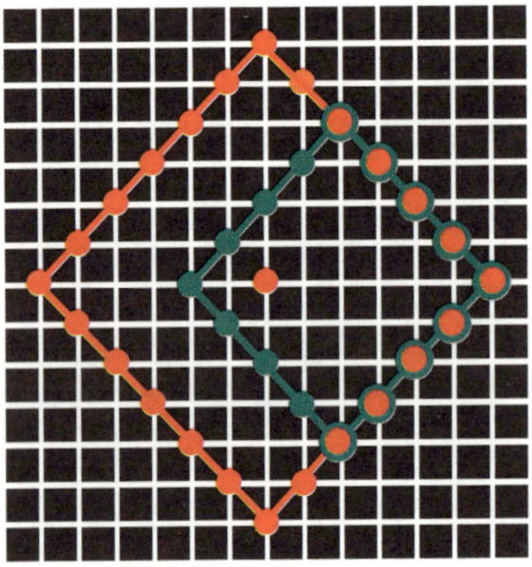

103 这幅图中有九张愁脸的脸和四张笑脸。

105 平地国通过了要求女人必须经常转动的法案。这样，她们就总能被看到了。

106 平地国人无法感觉到球的接近，直到球与他们的二维世界相交。远处的人将看到一个无中生有的点，而这个点将扩大成一个圆，直到和球本身的大小一样。然后这个圆开始缩小，缩小到一个点并最终消失。

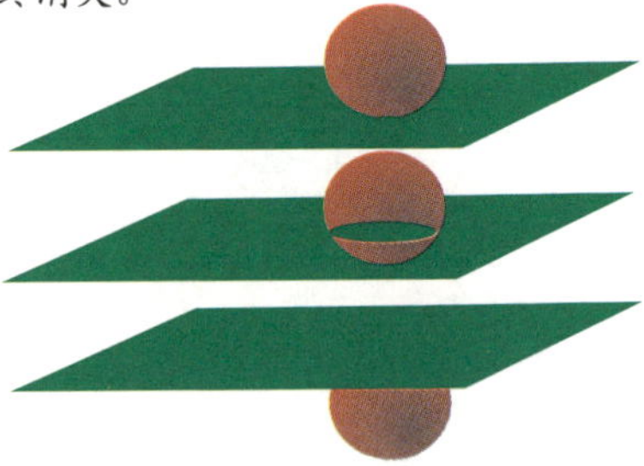

107 你可以把书合起来，就能把他们带到一起了。

108 一个立方体有六个面，任一面都可以朝着四个方向，因此，总共有24种可能的旋转方向。

（图注：side1…side6为第一个面……第六个面。）

109

同108题的道理，总共有12×5=60（种）不同的旋转方向。

110

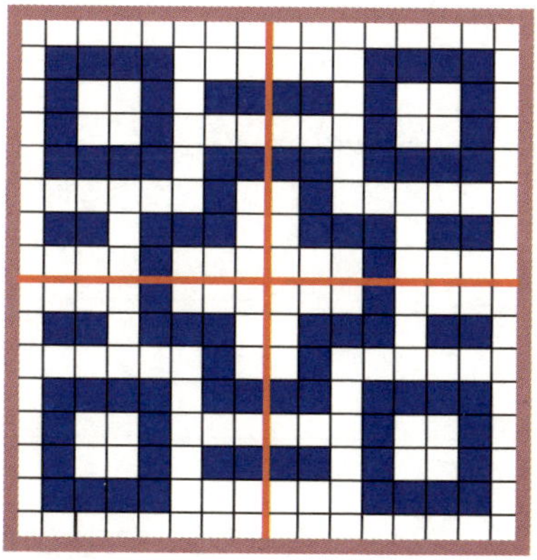

111

正方形可以有8种变形，而星形可以有10种。

这当中涉及的变动称为对称。物体可以沿一根轴旋转或翻转。这类特定的图形通过变换得到的一组图形称为对称组。

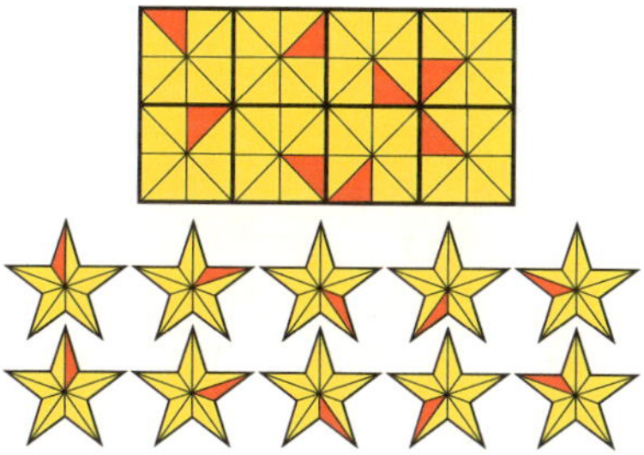

112

先放的玩家可以遵循以下规则，从而总是获胜：将第一枚硬币放在桌子的正中心；然后，每一枚都放在对手所放硬币的对称位置上。

因为第一个玩家的放置总是安全的，所以他不会输。第二个玩家最终会无法再放上硬币。

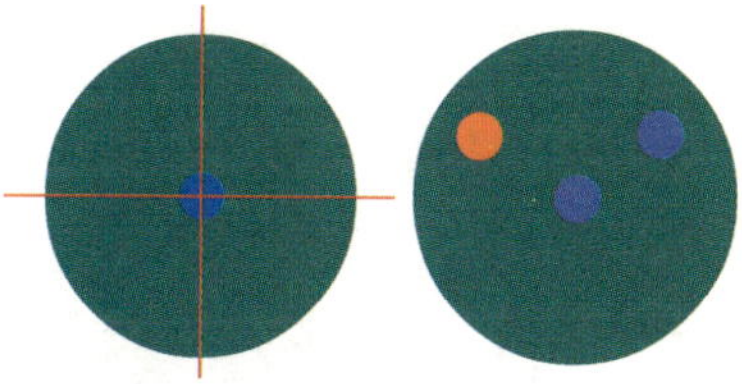

113

114

最后两块小片没有遵循规则。

115

（图中由上往下依次是：等腰三角形、不等边三角形、等边三角形、正方形、希腊十字、菱形、平行四边形。）

isosceles triangle			2
scalene triangle			1
equilateral triangle			6
square			8
greek cross			8
rhombus			4
parallelogram			2
tetrahedron			12
cube			24

116

红色字母是字母表中那些仅左右对称的大写字母。而蓝色字母是那些仅上下对称的大写字母。

117

平行四边形没有对称轴，而圆有无穷多个对称轴。

118

119 大写字母的对称类型可以分为以下几种：

1. 仅左右对称的字母：A，M，T，U，V，W，Y

2. 仅上下对称的字母：B，C，D，E，K

3. 既上下对称又左右对称的字母：H，I，O，X

4. 仅旋转对称的字母：N，S，Z

5. 非对称字母：F，G，J，L，P，Q，R

120

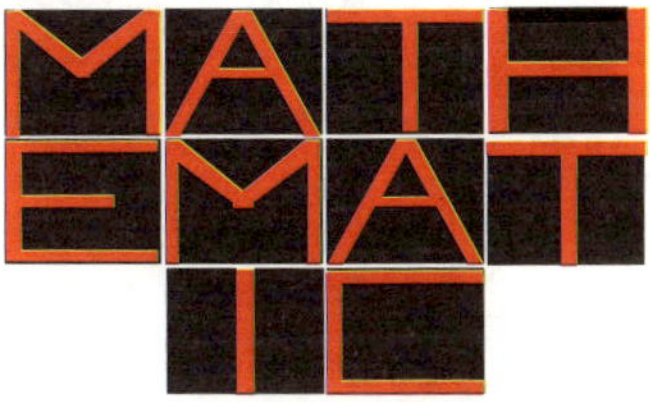

121 蓝色字母是既上下对称又左右对称的大写字母。红色字母是非对称字母。

122 红色字母是非对称的。蓝色字母是旋转对称。

123 第一行的第一张脸、第二行的第二张脸以及第三行的第三张脸是不可能重塑的。

124 古希腊人证明了五边形由两个黄金三角形组成，这两个三角形的边长之比等于黄金比例。该比例约等于0.618，并且通常用希腊字母ø来表示。

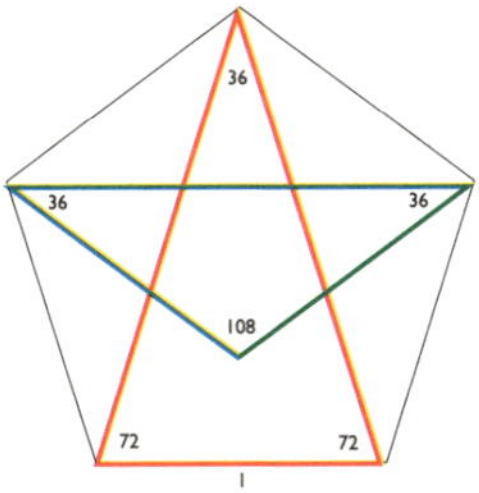

125 立方体有3根旋转对称的四重对称轴，4根三重对称轴和6根二重对称轴。一般情况下，有一个给定重数的多重旋转对称轴意味着，如果你旋转该物体的角度与旋转一整圈之比等于给定重数的倒数（比如，三重轴就转1/3圈），那么你将获得一个与原来一模一样的物体。

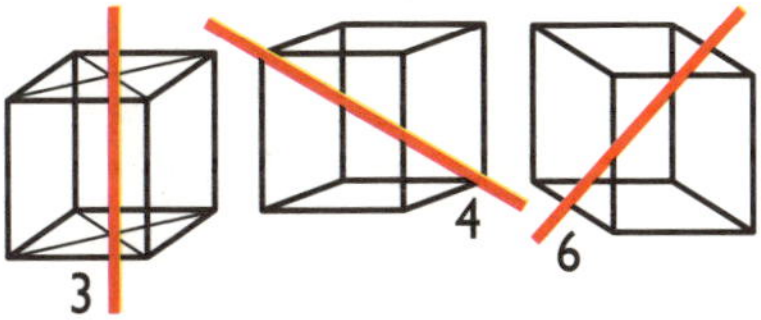

126 游戏结束时，只有一个绿色的方块留在板上。

三角形、圆和半圆将会从正方形洞中掉下去。而在旋转过程中，三角形和半圆可能将无法从相似形状的洞中掉下去。

（表格中从上往下依次为：最初顶上各种形状的数目；形状；最初掉下去的各种形状的数目；顺时针转1/4圈后掉下去的各种形状的数目；顺时针转半圈后掉下去的各种形状的数目；顺时针转3/4圈后掉下去的各种形状的数目；转完一圈后还剩下的各种形状的数目；没掉下去的各种形

状的数目。）

Number of shapes initially on top SHAPES	16	16	16	16
Number of shapes initially falling through				
Number of shapes falling through after 1/4 turn clockwise				
Number of shapes falling through after 1/2 turn clockwise				
Number of shapes falling through after				
Number of shapes falling through one				
Number of shapes staying				

128

其中的一种解法。

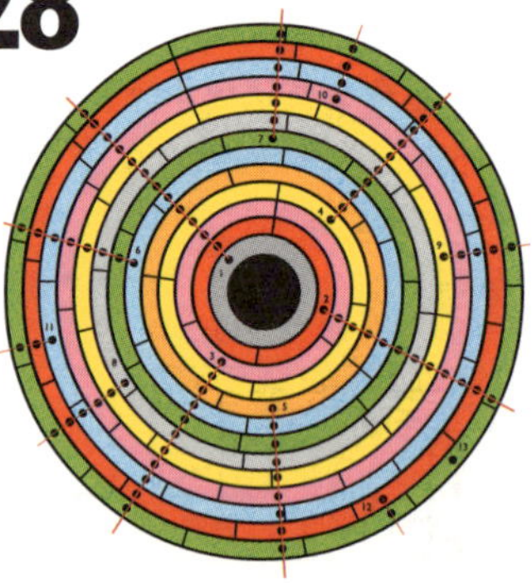

129

130

131

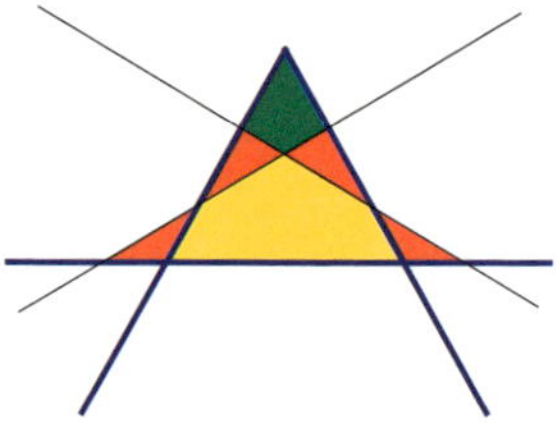

132

这组直线将会变模糊并呈现出不同大小的同心圆。这个令人困惑的结果是缘于一种光学假象。

133

这里给出了画出7个三角形的解法。由n条线段围成的无覆盖三角形的最大数目通常是多少呢？通过反复试验，你很快会发现，对于n=3，4，5和6，围成的三角形最大数目分别是1，2，5和7。当n=7时，反复试验就不再给出简单的答案了。对任意数字n的一般通式至今仍未解决。

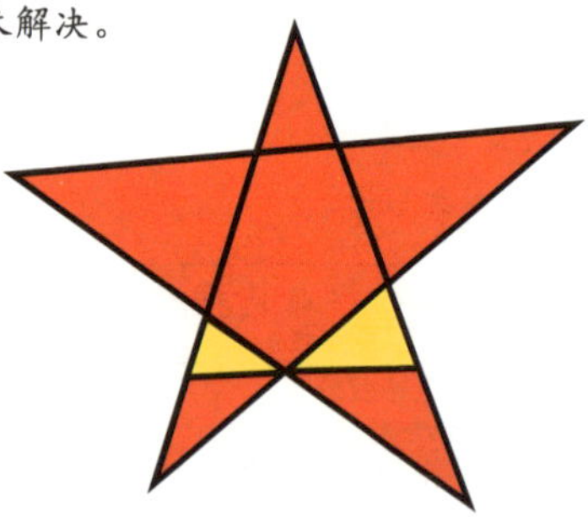

134

一个简单的封闭曲线不会与自身相交。遵循这个规则的绳圈总是可以伸展成一个圆。同样地，一根圆形的绳子也可以拉成一个不规则的环。但就环或圆而言，总是存在着里面和外面。

确定一个点是在里面还是在外面

的一个快而好的方法是画一条线，将该点和确定在环外面的区域连起来，然后计算这根连线与曲线相交的次数。如果两者相交了奇数次，那么点就在环的里面；如果相交了偶数次，那么点就在环的外面。

这就是若尔当曲线定理。

135

检查你自己随机画的线就会发现交点总是在一条直线上。这个令人惊奇的结果被称为帕普斯定理。

136

只有一个凸多边形，即左下角的六边形。

那个8字形的多边形与其他形状不同，因为它的线是相交的。

137

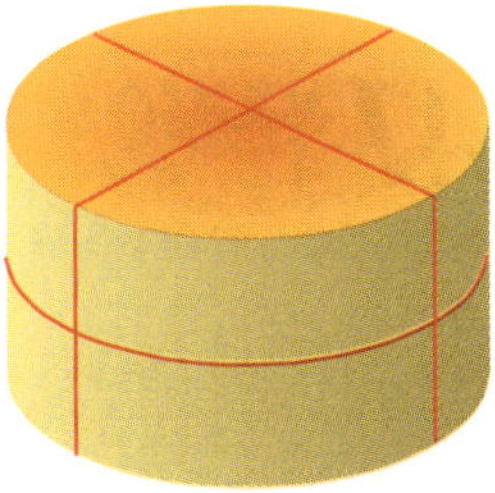

138

这里给出了11个三角形的解法。

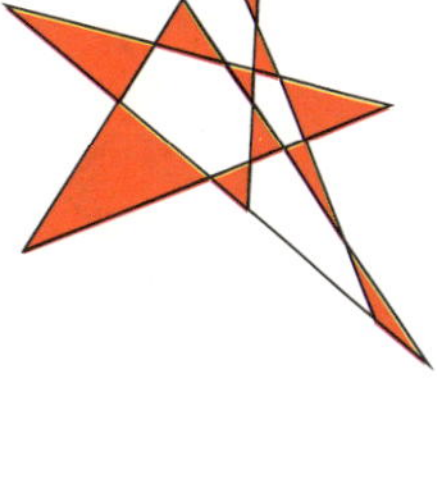

139

这里给出了15个三角形的解法。

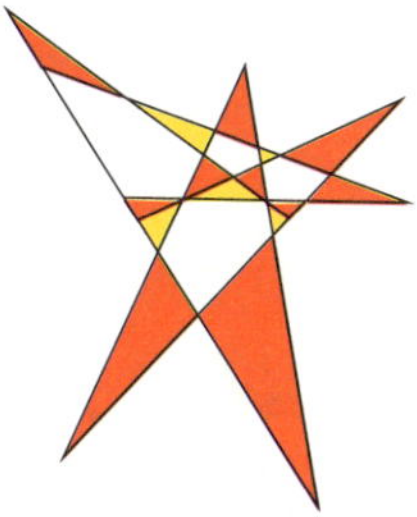

140

如图所示，切4刀将一个蛋糕分成11份。作为一个普遍的规则，每再切一刀都要划过以前切的每一刀。这样切的话，第n刀将多切出n块。

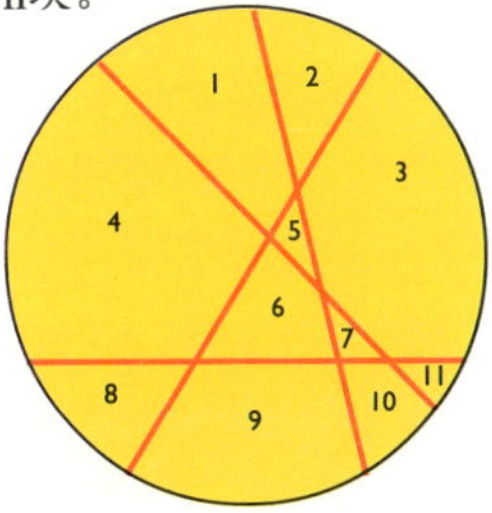

这个普遍的规则可以写成以切的刀数n表示的通式：n（n+1）/2+1。

141

根据前一题中的规则，如果4刀可以切成11份，那么第5刀划过前面的4刀，并多切出5份，这样总共就有16份。

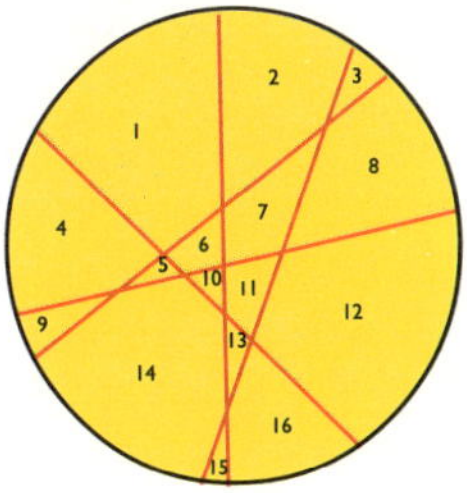

142 不管更少的点的答案是多少，6个点的答案是31，而不是32。这例子解释了为什么猜答案不是解决问题的最好办法。从0个点到9个点分别将圆分割成1，2，4，8，16，31，57，99，163，256份。

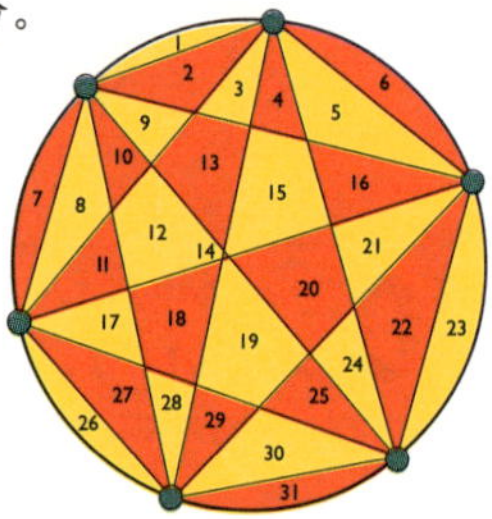

143 22个。一般而言，激光穿过的格子数目等于两条边上盒子数目之和再减去这两个数目的最大公约数。在这个例子中：10+14-2=22

144

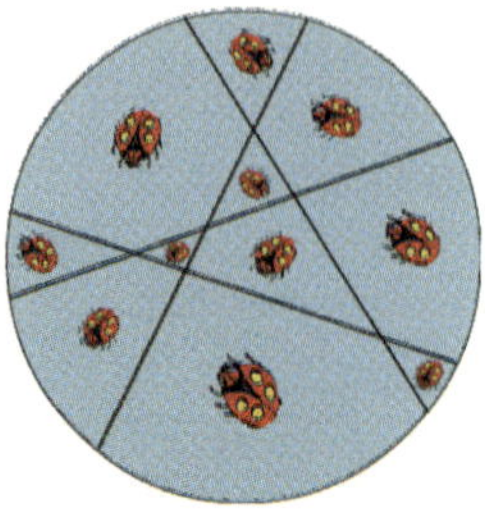

145 要使交点的数目最少，就让所有的线都平行。两条线只能交于一点，3条线交于3点，4条线交于6点，依此类推。反复尝试后，你将会找到交点数目最多的解法。只要避免让任意两条线相互平行，那么最终任意两条线都会相交。

因此，对于5条直线而言，最多有10个交点。

146 图注：four-lines solution：四条线的解法；three-linessolution：三条线的解法。

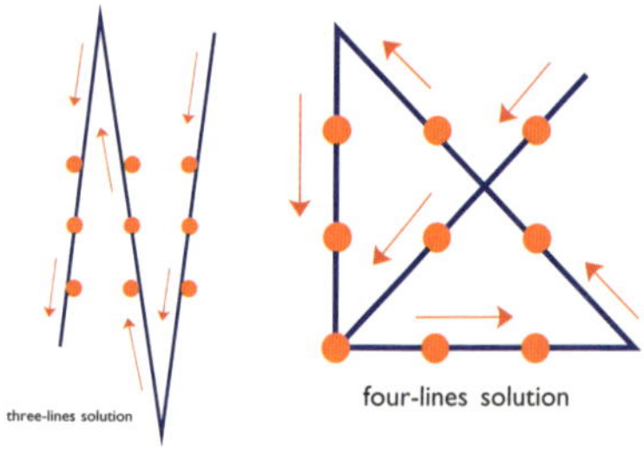

147 如果你已经解决了9个点的问题，那么更多点的问题的答案就容易得到了。就本题而言，需要用5条直线。

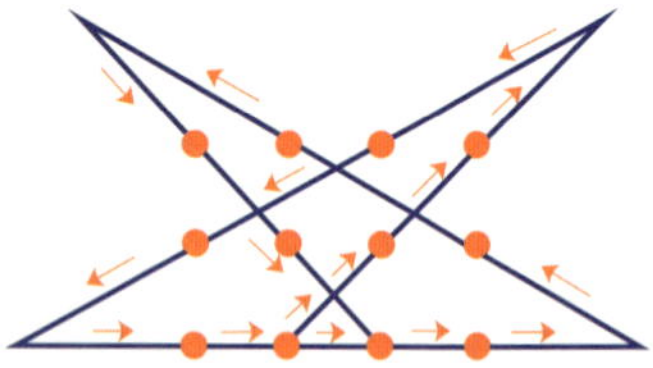

148

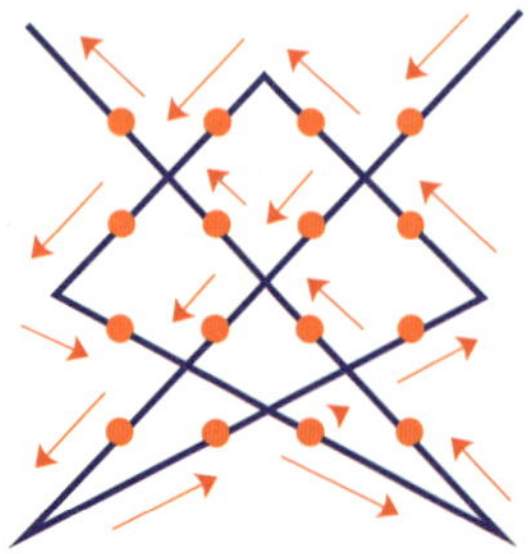

149

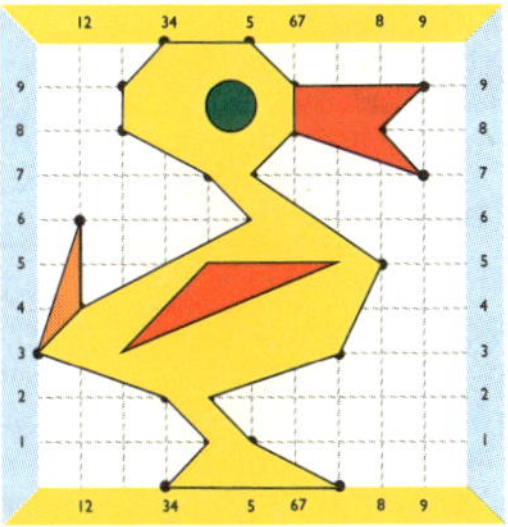

150

大多数人认为三棵树是最好的答案。但是，如果这三棵树是围绕着一座陡峭的小山或者山谷，那么第四棵树就可以种在山顶或谷底，构成一个正四面体。正四面体是一种三维的图形，由四个等边三角形组成，所以它的四个顶点之间距离相等。

151

因为小狗被拴在一棵树上，所以它可以到达以树为圆心，半径1米之内的任何地方。它的碗在距离它1.5米的地方，在小狗出发地的相反方向上。

152

先构造一个三角形，将点B和点C连接到点D。当你移动点B和点C时（要小心确信线段BC总是经过点A），你将会发现，∠BDC、∠DBC和∠BCD保持不变。这就意味着，要使线段BAC最长，就要使线段BD和CD最长。当线段BD和CD是各自的圆的直径时，它们最长，即此时线段BAC最长。

仅当BD和CD是圆的直径时，线段BAC与线段AD垂直。

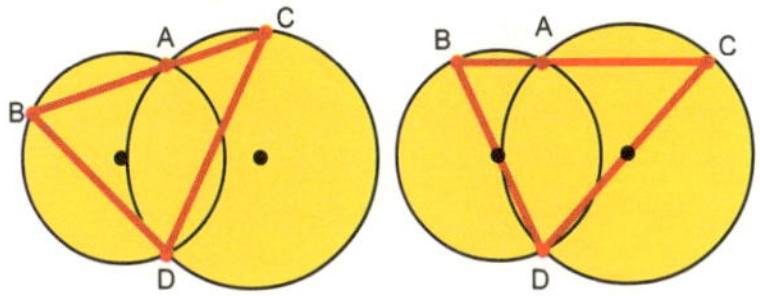

153

这里给出了绿色赢的游戏样板。

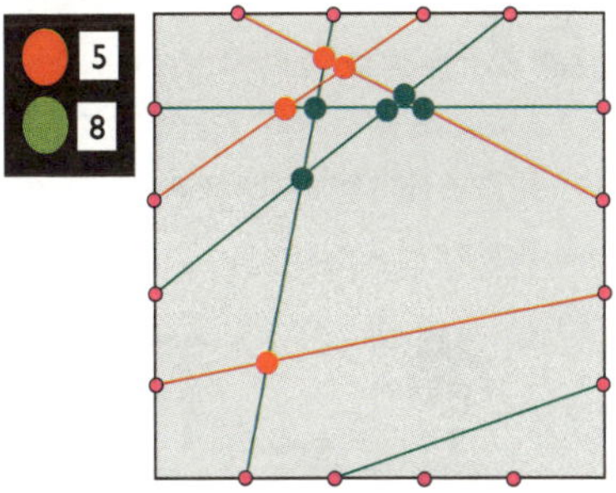

154

完全被遮住的蛇是绿色或蓝色的。

155

156

157

这是关于直线、交点和可能构造的约束的另一个问题。n条直线最多可能有n(n-1)/2个交点，最少有(n-1)个，即只有一条直线不与其他任何直线平行。

158

共有8个两种不同距离的组合。在每个图形中，红线表示该长度的线只有一条，而蓝线表示该长度的线不止一条。

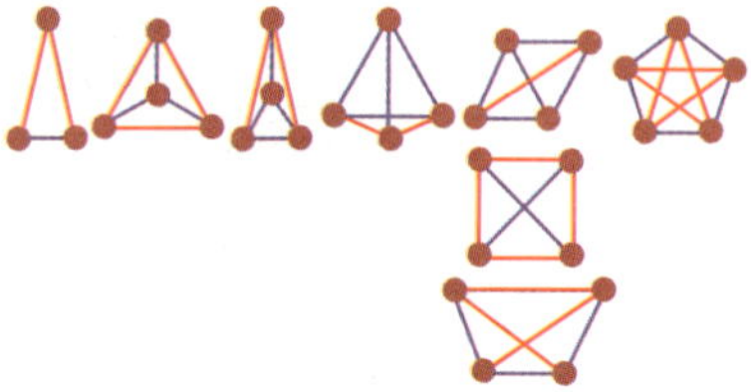

159

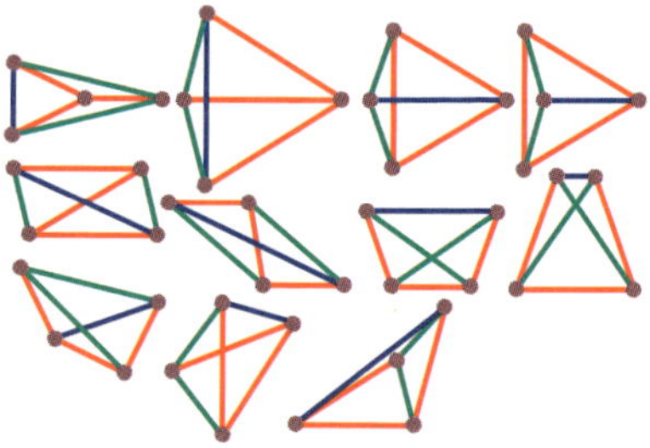

160

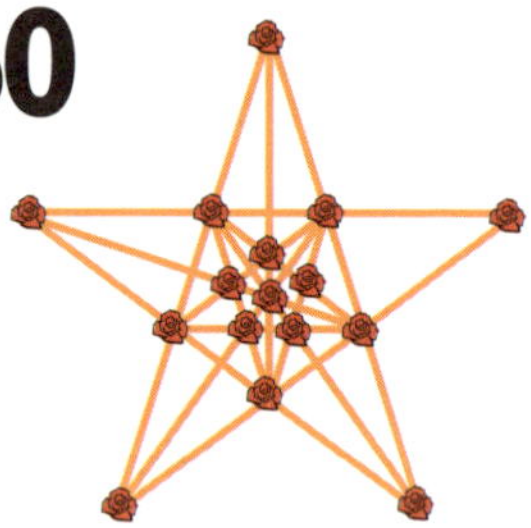

161

匈牙利数学家伊罗纳·帕拉斯蒂于1989年发现了8个点的多距离图。这是已知最多的一组：8个点，7种距离。

162

解决这类问题的方法是在移动第一根火柴之前，先想像一下答案。一些答案中包括不同大小的正方形，有些相互重叠，许多还有公共边。但是，如果你感到很难想像答案，那就反复试验一下。

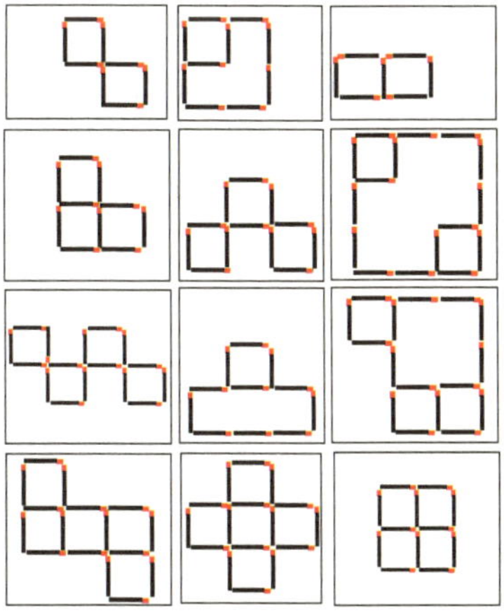

163

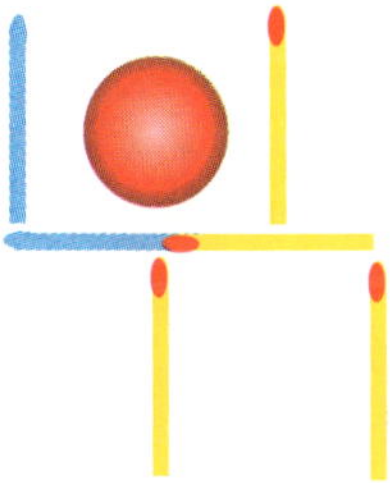

164

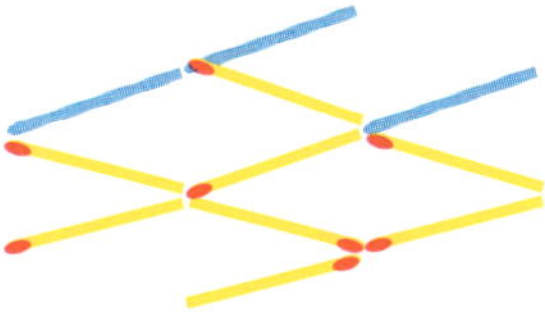

165

这里给出的解法需要12根火柴交于八点。

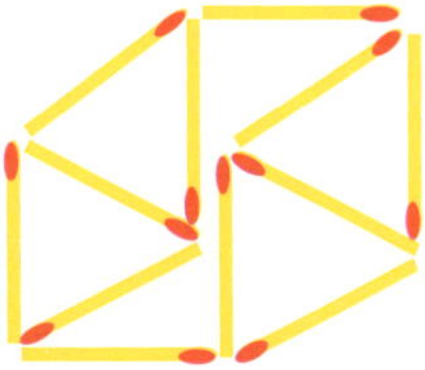

166

用4根火柴棒可以拼出5种图形。用5根火柴棒可以拼出12种图形。在两组中，有2对拓扑结构上相同的图形：有条尾巴的圆和3个点的星形。

167

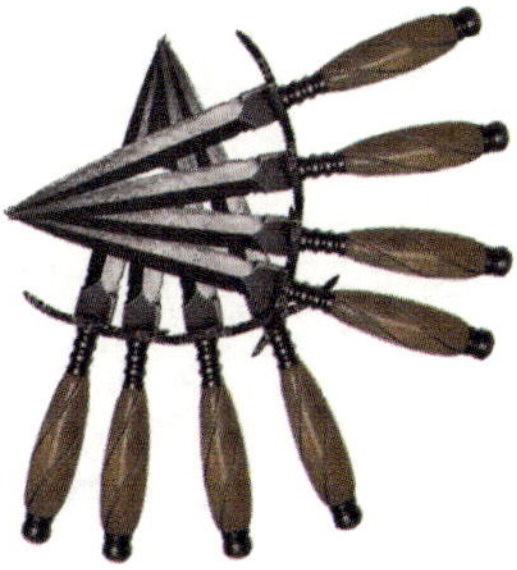

168

	不变	变
面积	否	是
周长	是	否
边	是	否
角	否	是

169

下图所示的联动装置是著名的瓦特联动装置的一个示意图。该联动装置画出一个8字形的曲线。这条曲线的一部分被称为贝努利双纽线，并且接近于直线。（图注：stroke：一次联动。）

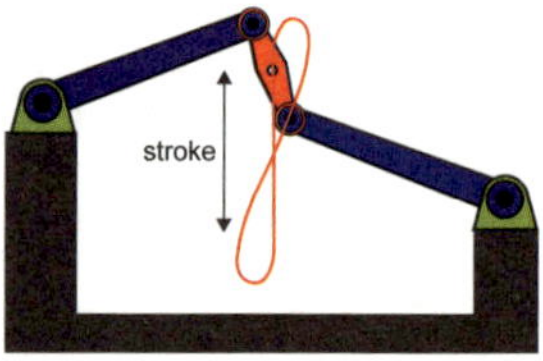

170

路径大约是条直线。

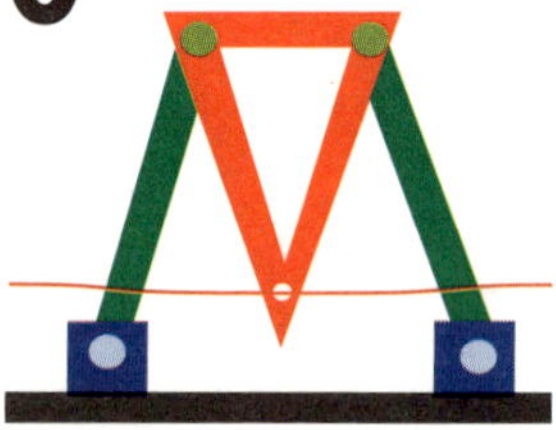

171

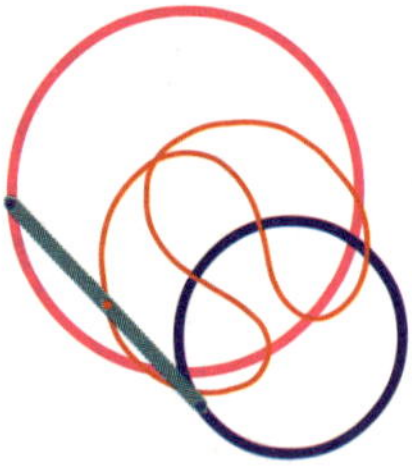

172

移动的铅笔将覆盖如图所示的红色区域。

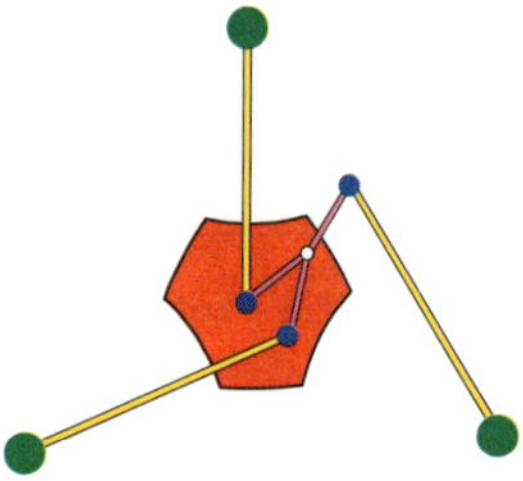

173

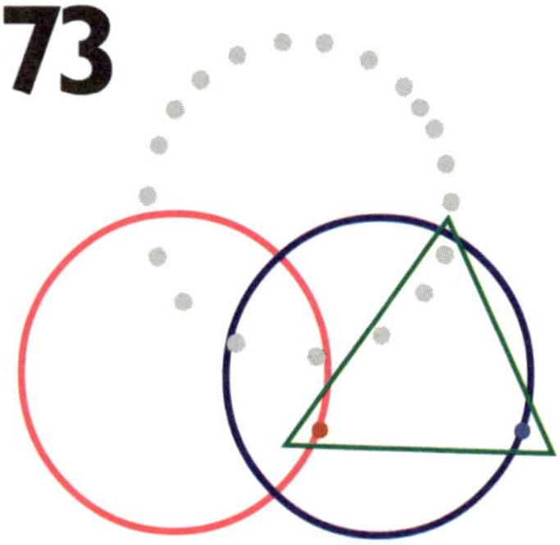

174

要到达瓢虫的朋友那儿的唯一方法是穿过图中顶部的红花，因此红色一定代表向上。

如果紫色代表向下，那么瓢虫的第一步将走出这幅图。如果紫色代表向左，那么瓢虫将走到黄花上，且粉红色仅有的可能方向是向右，这就会是一个永无休止的循环！所以说，紫色代表向右。

175

有一条木制假腿的海盗推着一辆两轮车。海盗的狗跟在他旁边。

176

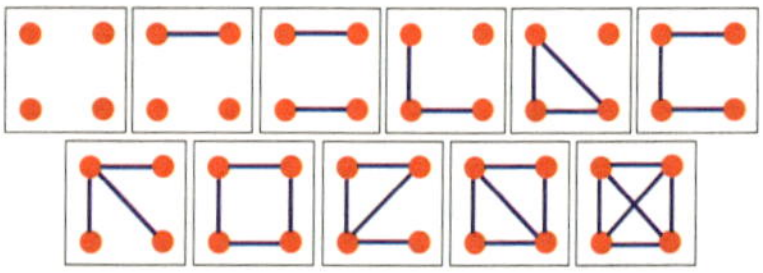

177

柱子之间有20条可以走的路，以何种方式跑不同的路都最多只能跑16条。如果院子里有7根柱子或9根柱子，那路线数目将有可能达到数学上的最大值。

178 如果你无法解决这道题，可能是因为通常很难想像一个立体物隐藏的边和角。画一个与立体物在拓扑结构上相同的二维图形可能会有帮助。

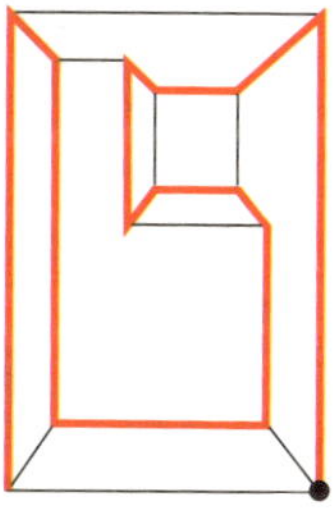

179 当欧拉解决了哥尼斯堡七桥问题后，他发现了解决这类问题的普遍规则，那就是计算到每个交点或节点的路径数目。如果超过两个节点有奇数条路径，那么该图形是无法一笔画出的。

在这个例子中，路径4和5是无法用一笔画出的。

如果正好有两个节点有奇数条路径，那么仅当你以这两个节点为起点和终点时可以画出。路径7便是这样的图。为了一笔画出它，必须从底端的一角出发，并回到另一角。

180 有10条可行的路径。

181

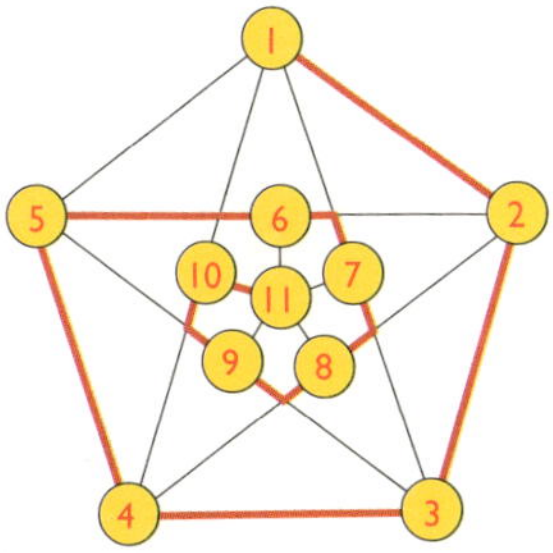

182 可以一笔画出这个图形，但仅当从一个蓝色的点出发，并回到另一个蓝色的点才可以。

183

184

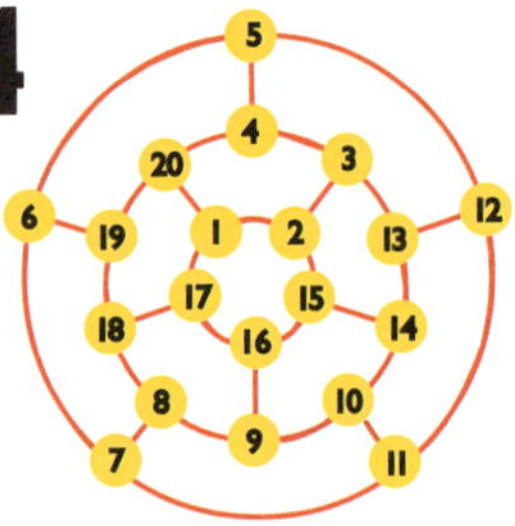

185

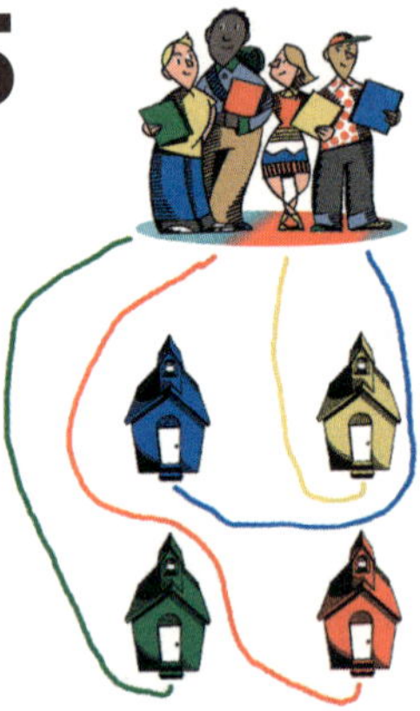

186

不可能将每幢房子与每个用具连接起来，而不让线相交。如果想解决估计只能在某些房子下面挖隧道。

187

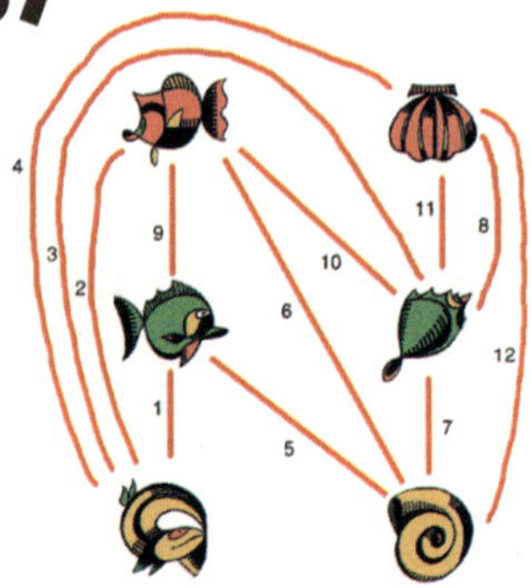

188

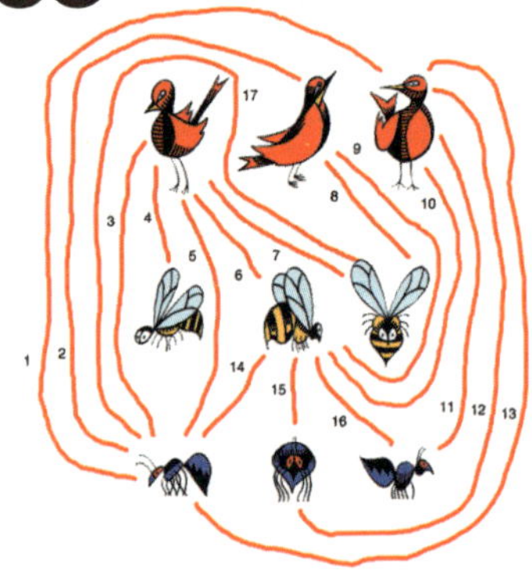

189

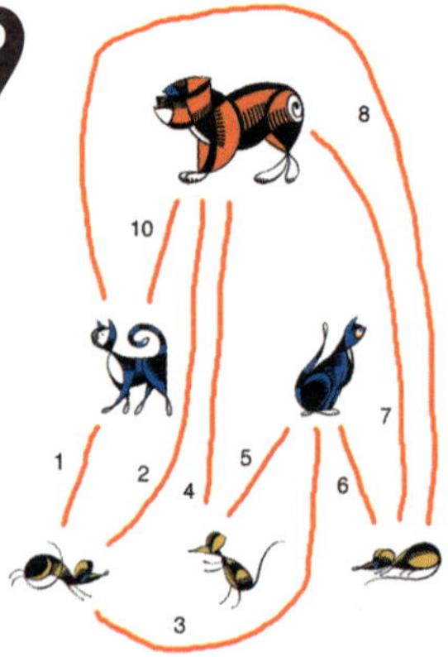

190

蠕虫可以爬行22厘米，如下所示。（图注：start：起点；end：终点。）

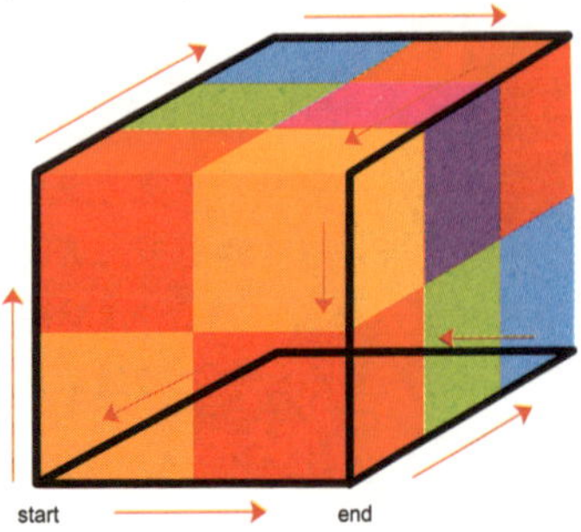

191

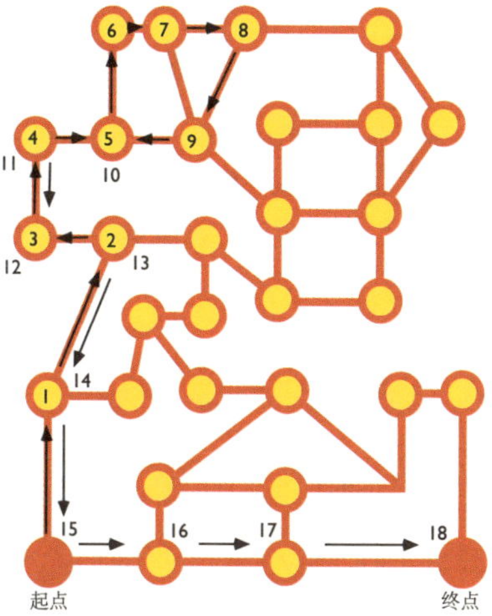

192

从A乘到B要花13分钟，从C乘到D同样要花13分钟，从E乘到F要9分钟，从G乘到H要15分钟。如下所示。

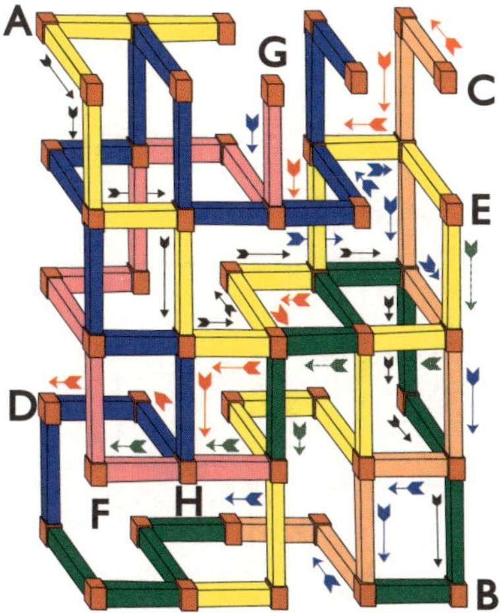

193

当标有10和13的路径不能使用时，题目无解。

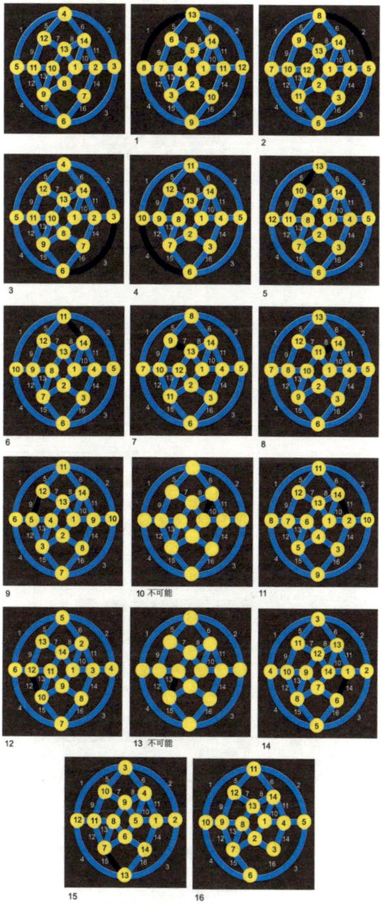

194

1907年，难题专家罗伊德在《难题》杂志中首次提出了火星难题。数以万计的读者写信说他们试着解决这个问题，却发现“没有可行的解法”。这就是答案——无解。

195 每行每列的四个箭头指向不同的方向。

196

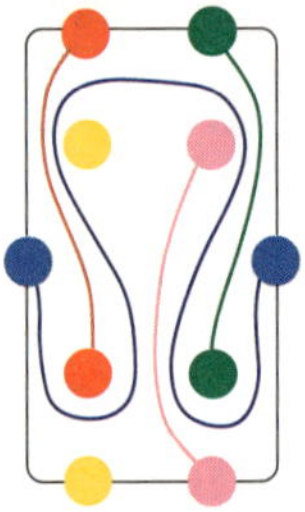

197

198

199 电路板3。

200 192种。如果不考虑正方体的对称性，则共有4096种方法摆箭头。但去除重复情况，就只有192种不同的方法了。

201 可以移动5号边，使交点数减少到9个。这是连接7个点所产生的最少的交点数。7个点的最小相交数为9。

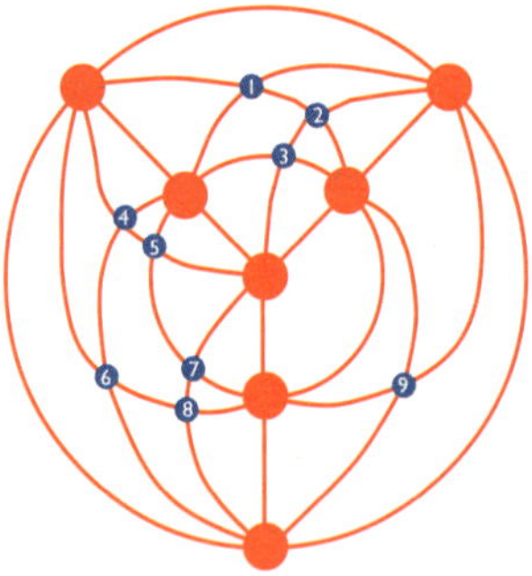

202

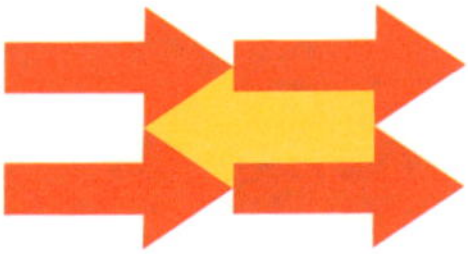

203

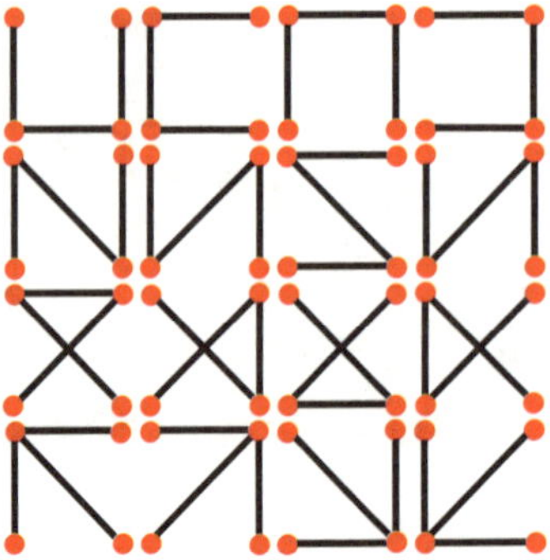

204

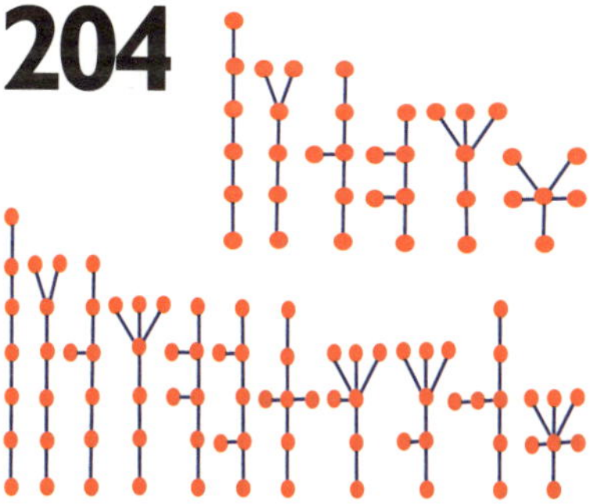

206

分组如下：

1—20—35—61

2—5—32—56

3—29—47—75

4—17—24—25

6—8—21—59

7—11—30—31

9—36—41—45

10—22—38—49

12—19—26—63

13—27—50—55

14—39—43—48

16—42—46—62

18—23—53—64

28—34—40—58

33—44—51—60

15—37—52—54

207

这里给出了一个答案。还有许多其他答案，但边都是18条。对于穿珠子的问题，绳的数目等于珠子数目减1。

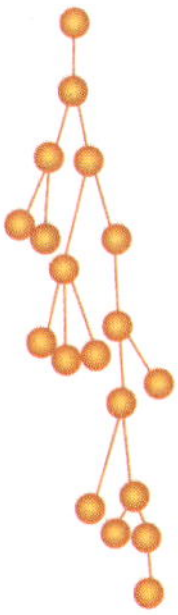

208

每行和每列中的箭头都指向不同方向。

209

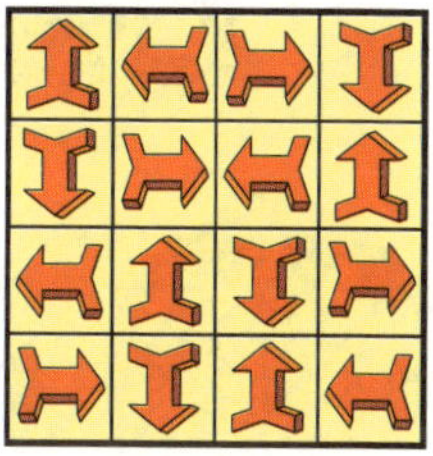

210

其中一种答案。

211

路径是5，1，2，4，3。

212

路径是6，1，5，3，2，4。

213

其中一个答案。

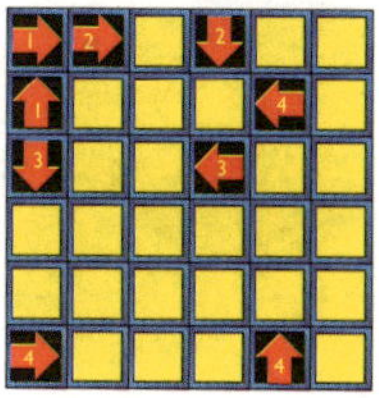

214 无论如何画箭头，都会有一条连接6个城市的路径。

215（图注：汉密尔顿游戏1、2、3……）

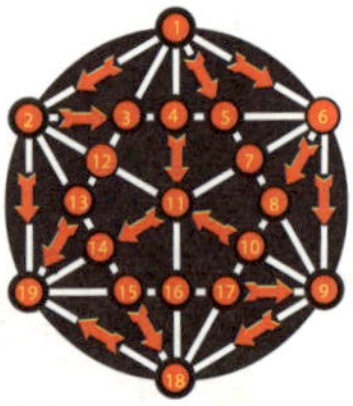

HAMILTON - Puzzle 1

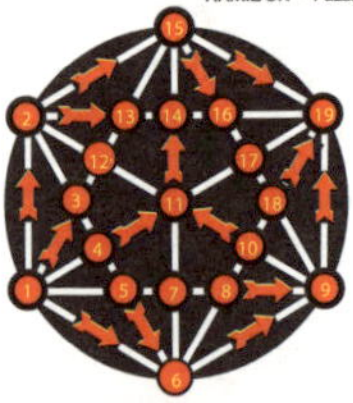

HAMILTON - Puzzle 2

HAMILTON - Puzzle 3

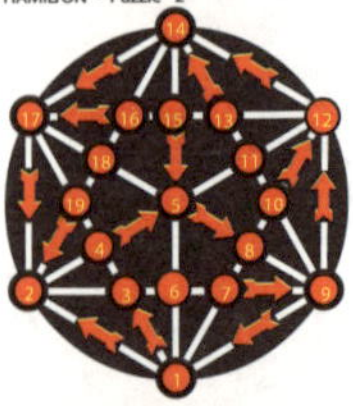

HAMILTON - Puzzle 4

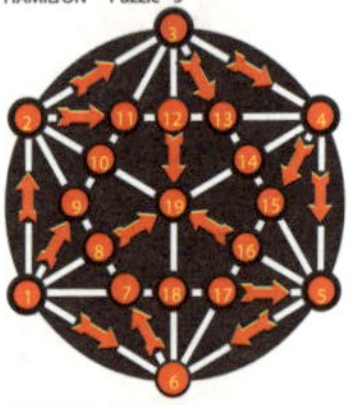

HAMILTON - Puzzle 5

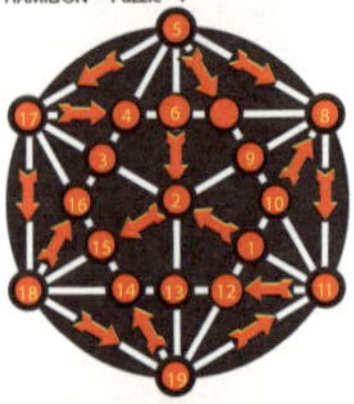

HAMILTON - Puzzle 6

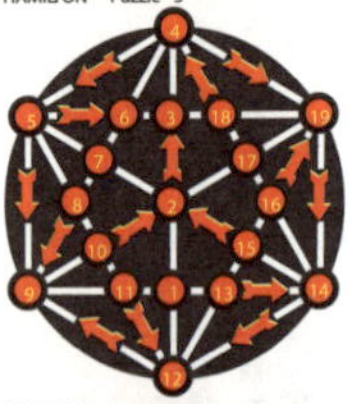

HAMILTON - Puzzle 7

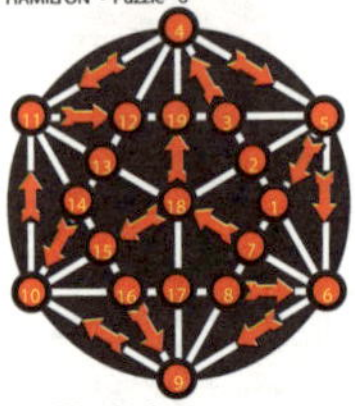

HAMILTON - Puzzle 8

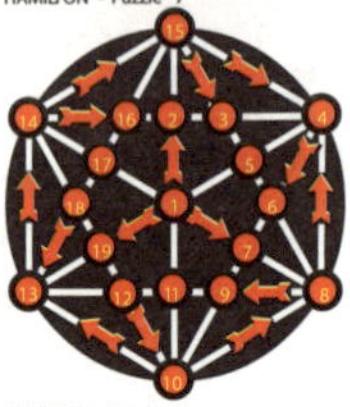

HAMILTON Puzzle 9

216 在4人或5人的情况下，你可以把相互爱慕或憎恨的人分开，如右图所示。每三点中都可以包括两类人。但6个人的情况下，就不能避免组成同色边的表示爱或憎的三角形了。

218

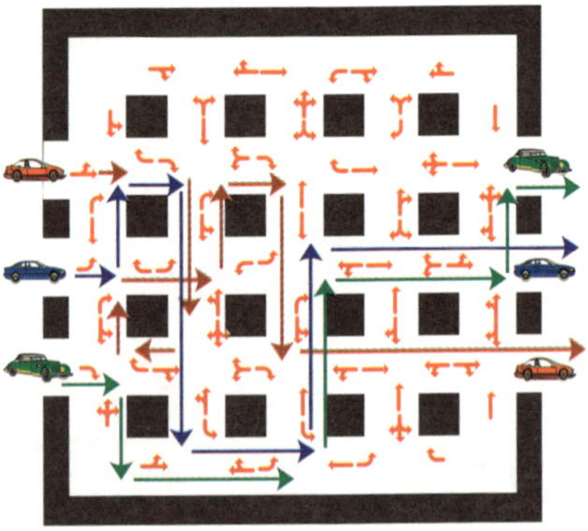

219 问题的关键在于颜色的顺序：黄、橙、红、粉红、蓝、暗蓝、暗绿、亮绿、紫。这个顺序按顺时针重复，把这些颜色顺序首尾相接，就能得出答案了。

220 最终呈现的图案是一个1:2的网。它还有个专门的名字：心形线或心脏线。

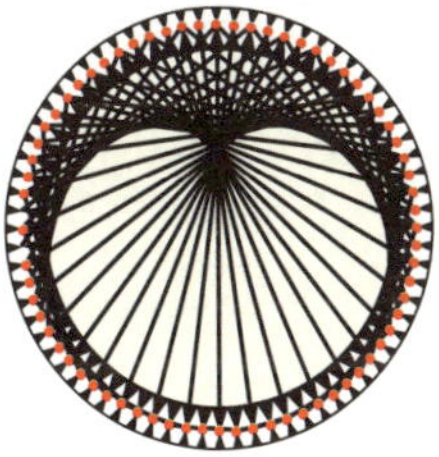

221 这是1:3的网，也叫做肾形线或肾脏线。

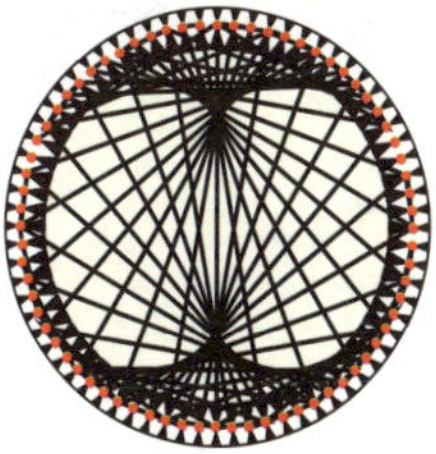

222 图案是条心形线。（图注：basepoint基点，base circle基圆）

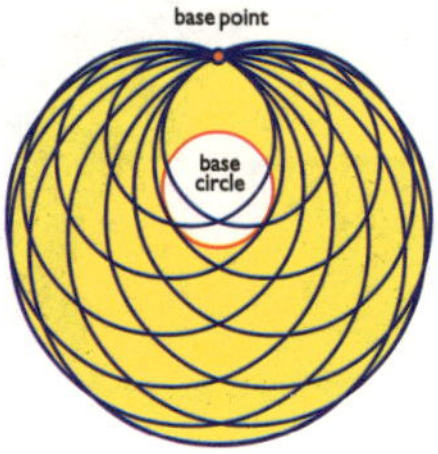

223 图案是条肾形线。（图注：diameter直径，base circle基圆）

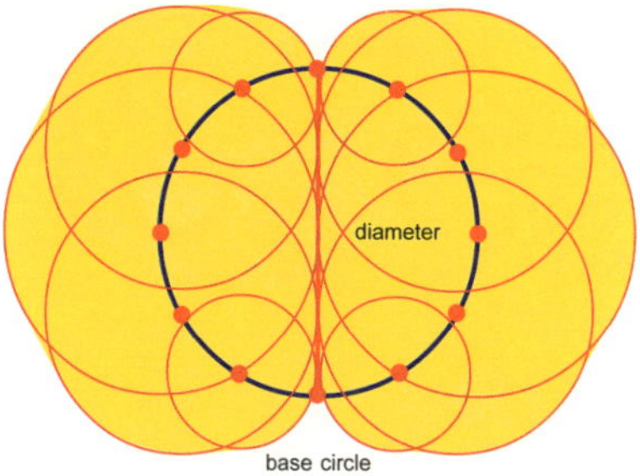

224 圆心 圆周 半径 直径 切线 弧弦 弓形 半圆 扇形 直角扇形

225 一个物体追踪沿一定路线运动的另一物体所成的轨迹有一个特殊的名字：追击线或曳物线。

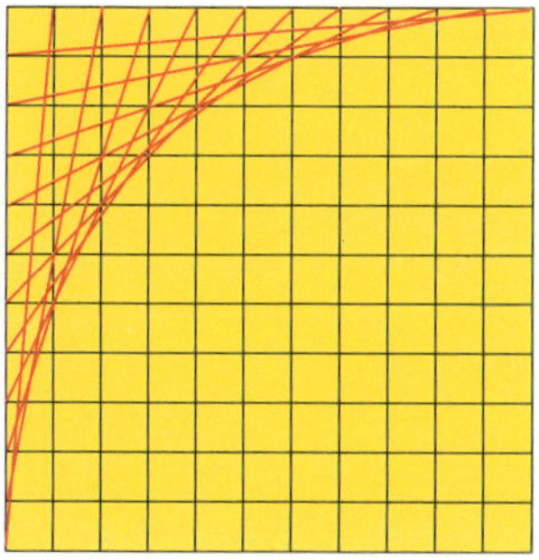

226 红色液体能充满半径为a/2的圆形管道，但不能充满正方形管道。通过观察我们可以看到，液体充满的面积为$3+1/7(a/2)^2$，其中π取3+1/7。

三角形的面积是（a^2）/2。

227

228

1. 圆形的盖子不会突然掉进下水道，而正方形或其他多边形就有可能。

2. 沉重的圆盖子可以滚到目的地，而其他形状的就不行。

3. 无论怎么盖，圆形盖子都能把洞盖严实，而正方形的只能把四角都对准位置才能盖下去。

229

圆木向前滚一圈后，它们使重物相对它们向前移动了1米，而它们相对地面又向前移动了1米，所以一共向前移动了2米。

230

圆的周长大约是其直径的3+1/7倍。这个数就是著名的π，一个无理数、一个无限不循环小数）：

π =3.14159265358…

很多人只是在老师给出其定义的时候才认识π的。就像许多古希腊人数千年前所做的，现在你自己发现了它。

231

红色的月牙形（没有被大的半圆遮住的两个小半圆的部分）的面积等于那个直角三角形的面积。

虽然化圆为方是不可能的，但其他一些由圆弧组成的图形是可以的。

232

红色部分的面积比黑色部分面积的1.3倍还多一点。视力错觉会让你觉得黑色部分的面积大。

233

234

镰刀形的面积与直径为L的圆的面积相等。古希腊著名科学家阿基米德最先解决了这个问题，所以这个问题以他的名字命名。

235

不用数，你就能把它算出来。每个点引出14条边，14×15=210；但每条边都连接两个点，即被算了两次，所以答案应为210的一半105。

根据欧拉的问题（思维游戏179），这幅图可以被一笔画出。它可以被看作给定边数的正多边形的所有边和对角线组成的网形。

236

面积是r^2。

237

三角形1中圆的面积之和最大。

这是著名的马尔法蒂问题的一个特例。1803年，意大利数学家吉安·弗朗西斯科·马尔法蒂提出一个问题，问在一个棱柱中放三个圆锥，其体积和最大是多少。

238

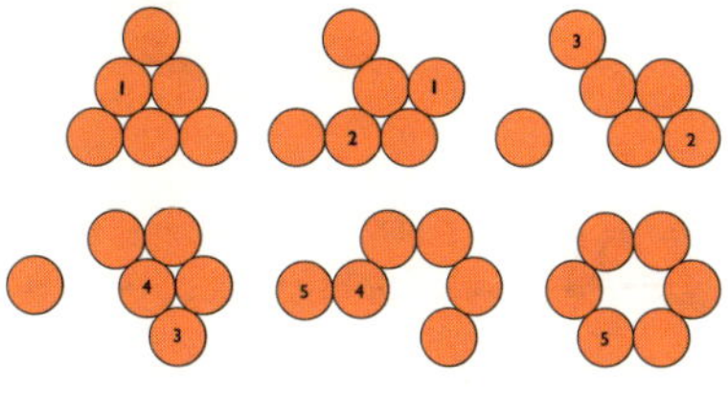

239

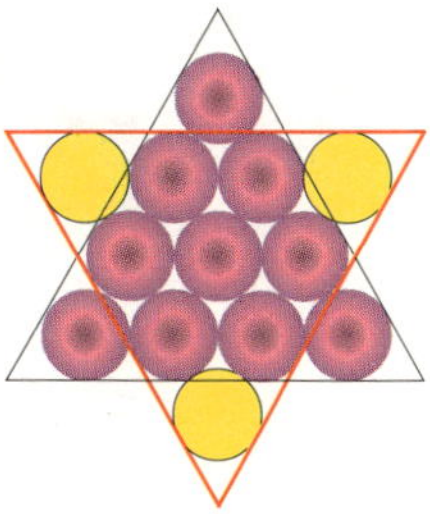

240

平面上两个圆的位置共有5种可能的情况。

公切线的情况共有10种。

如果两圆相同的话，第四和第五种情况就不存在了。

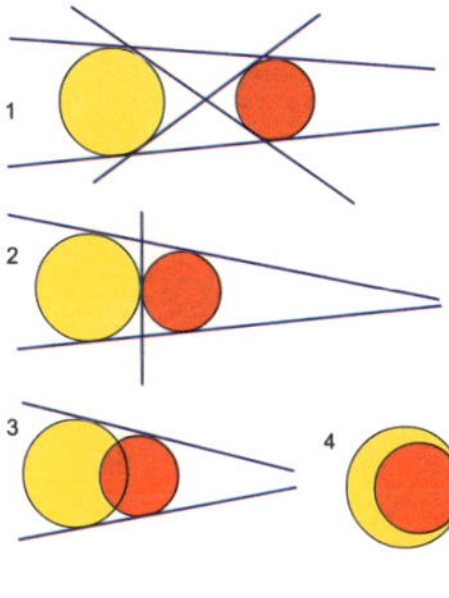

241

三个黄色的圆不断变大的极限情况是成为三角形的三条边。而红色的圆将成为这个三角形的内切圆。

242

总共只有8种可能的情况。

一般来说，可以把3个已知圆移到一起，使其两两相切，然后做与这3个圆都相切的第四个圆。这样4个圆就都两两相切了。你也可以在3个圆外作一个圆与它们都相切。

平面上最多也只有4个圆能两两相切。

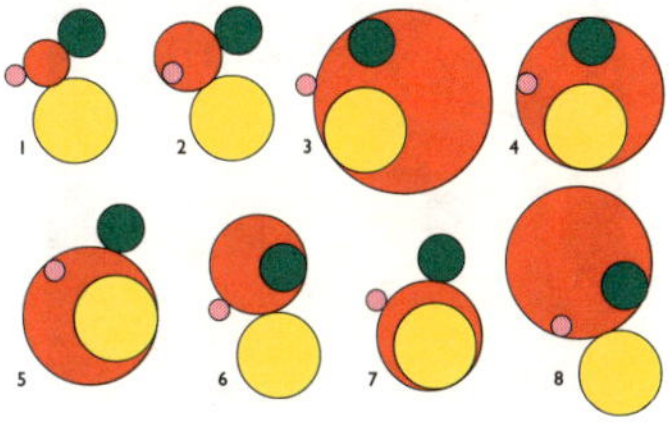

243

圆的颜色和与其相切的圆的个数有关。

244

5个两两相交的圆把平面分成22个区域，如图所示。

欧拉的多面体公式也是计算这种问题的有效方法。假想一下一个多面体被扭曲并压扁到平面上。

一个圆可以和另一个圆交于两点。对每一个圆，则都有2(n-1)个交点。把所有的交点加起来，并除以2（每个交点靠为两个圆所共用），得到n(n-1)个交点（可以看做顶点）。每个圆又都被分成了2(n-1)段，共有2n(n-1)段（看做边）。

欧拉公式指出：

面数（区域数）=边数-顶点数+2，即=2n(n-1)-n(n-1)+2=n^2-(n-2)个区域。

245

5个点共可构成12种多边形。其中只有2种是正多边形；剩下的可以被分成2组，每组5个形状相同、方向不同的多边形。

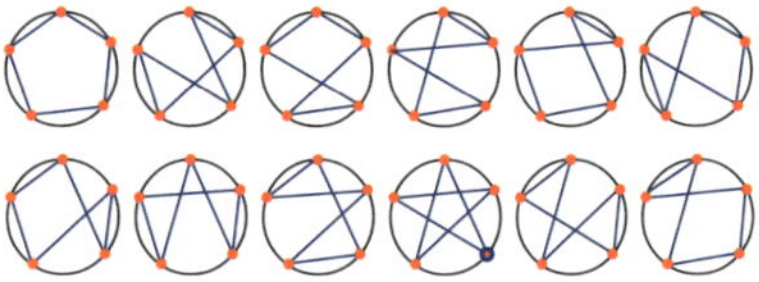

246

最少需要11个圆。无论你如何着色，标有蓝色记号的圆都要用第四种颜色来涂。

247

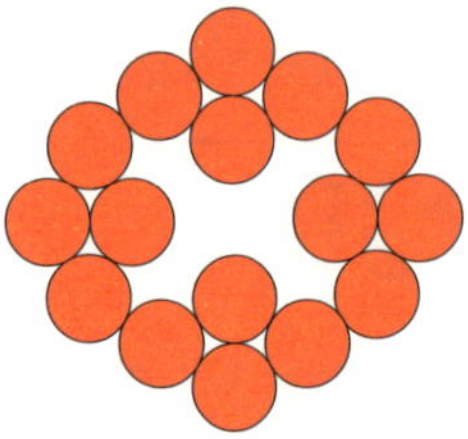

248

大圆面积是小圆面积的两倍。假设正方形边长为a，则对角线长为$\sqrt{2}$a。大圆直径即为正方形对角线，面积是πa^2/2。小圆直径即为正方形边长，面积为πa^2/4。所以大圆面积是小圆的两倍。

249 可以看到一个完整的圆。

250 其中一个答案。

251 无论大小如何，一球将始终在另一球上。

252

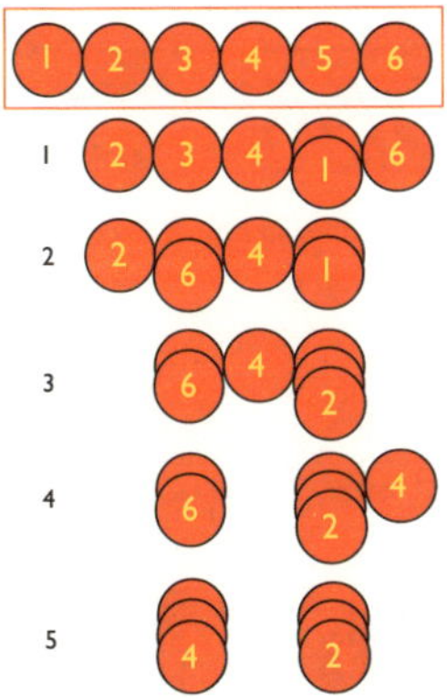

253 需要6个圆。

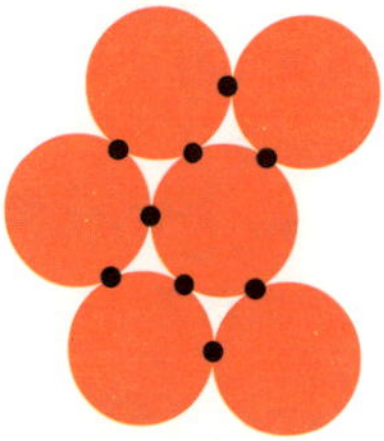

254 红色圆的直径=1/2。
黄色圆的直径=1/4。
绿色圆的直径=$1/4(2-\sqrt{2})$，大约是1/6。

255 其中一个答案。

256 圆花饰的周长与大圆的周长恰好相等。无论圆花饰中有多少个圆，或者这些圆如何排列（只要它们经过同一点），答案都是如此。

257 每个三角形都有这个性质。9个点所在的圆的大小是三角形外接圆（过三角形3个顶点的圆）的大小的一半，而其圆心在三角形外心（外接圆圆心）和重心连线的中点上。

258 因为圆很大，所以它和正方形隧道间有很大的空隙。如果躲在这空隙里就不会被压到。

259 无论对多边形如何作三角剖分，其内切圆的直径和都相等。

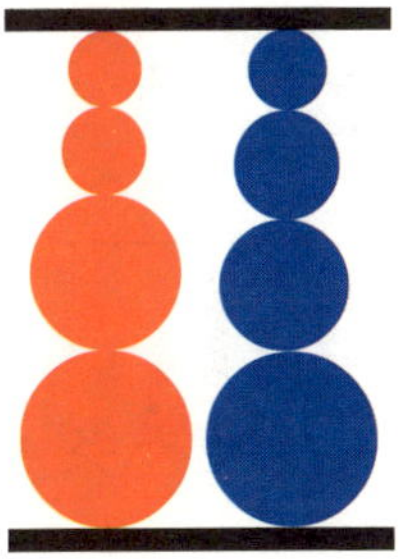

260 3根弦总会交于同一点。

261 3组公切线的交点一定在同一直线上。假想这3个圆是一个水平面上的3个球，那么其公切线就是其透视线，它们的交点都在远处的地平线上。

262 最优解为：
第一轮：1、2、3、4、5。
第二轮：2、3、4、5、6。
第三轮：2、3、4、5、7。

263 当一个圆滚动一圈时，它就平移了等于它周长的距离。长方形的周长等于圆周长的12倍，意味着外面的圆沿长方形的边滚了12圈。而在每一个角上它还要滚上1/4圈，所以它总共滚了13圈。

而里面的圆滚过的距离等于周长的12倍减去其半径的8倍。半径等于周长除以2π。所以它滚过的圈数为12-（4/π），大约10.7圈。

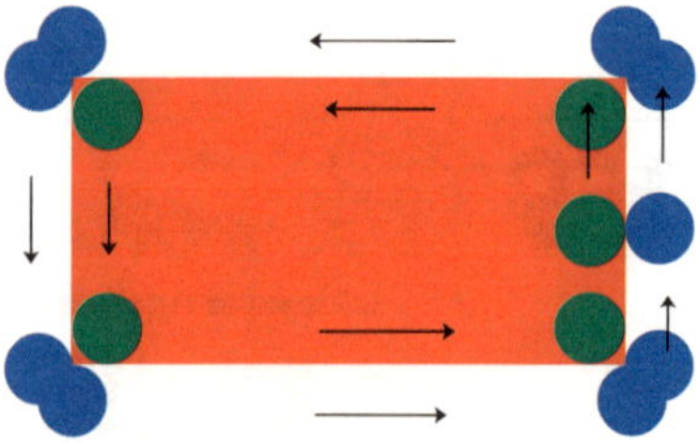

264 在放圆入方的问题中，数学家们发现，随着圆的尺寸不断减小，它们在正方形中的密度将达到0.9069。这和以六角形点阵摆放圆所能达到的极限相等。

265

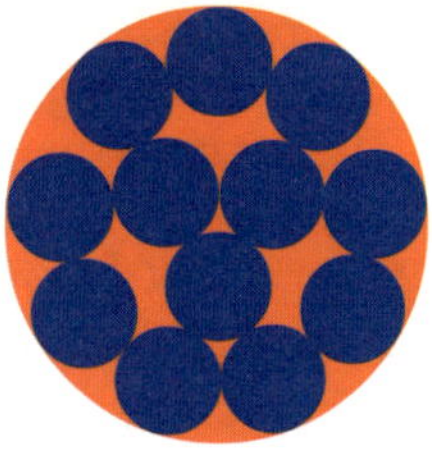

266 在一个较早出现的游戏中，我们发现在另一枚硬币上滚动的硬币的滚动圈数比我们预计的要多一倍。而此例中，硬币要滚过两个周长（在每个固定的硬币上滚1/3圈），所以共转了4圈。最后人像将朝左。

267 小圆走过的路径是其周长的3倍。如果是条直线，它将滚3圈。但因为它在圆周上滚动，小圆还会转更多的圈。可以发现，就算小圆自己不转，与大圆的接触点始终不变，绕大圆一圈后它也将转上一圈，所以小圆一共转了四圈。

旋转的概念是此题的一个思维陷阱，其实转一圈就是转360度罢了。

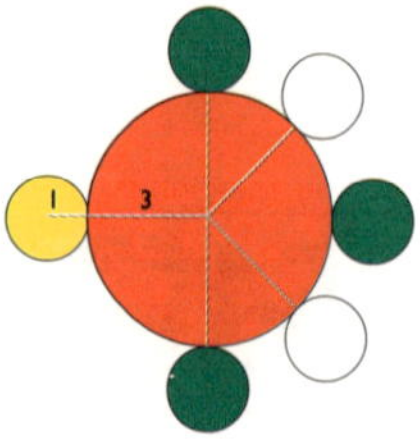

268 最后人像朝左，和开始时一样。直观上的答案是颠倒的，因为硬币移动的距离是其周长的一半。但如果你试一下就会发现，实际距离是这个的两倍。

269 矩形点阵中，圆的密度是4π，大约为78%。六角形点阵的密度是π/（2×7π），大约为90.7%。六角形点阵与其他任何点阵相比，都是最有效的方法。

270 一个球同时最多与另外12个相同的球接触：中线上围6个，两端各放3个。一次能把13个小球塞入直径是其3倍的大球中。

能同时互相接触的相同小球的数目叫做“接合数”（kissing number）。与接合数有关的问题涉及许多领域，比如编码校验。

271 真奇怪，结果是一条直线即——大圆的直径。

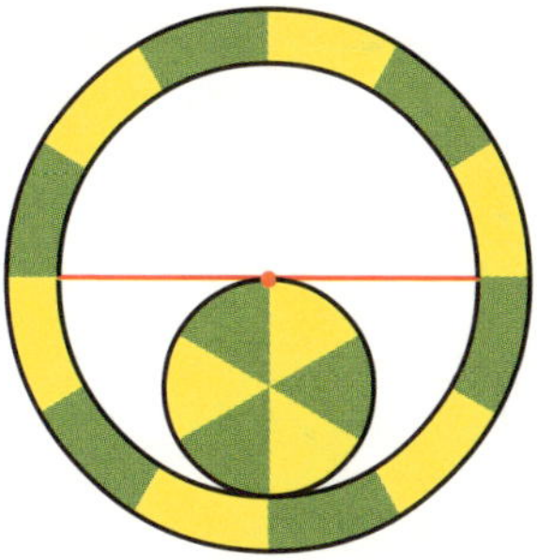

272 飞机离北极点50公里。它向东飞行时与北极点的距离不变。

273 只要把竖直一列的最上面或最下面那个硬币放到在两列相交处的那个硬币上面就行了。

274 三个点的移动轨迹构成摆线中的曲线。圆周上的点的轨迹是摆线。内部的点的轨迹是缩减摆线，外圈的是扩摆线。

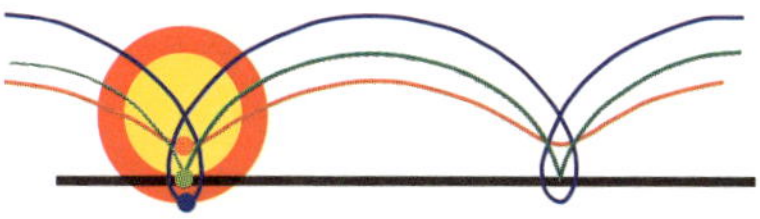

275 假设4刀在球内切出了个四面体。根据这个四面体，球被分成如下区域：顶点4个区域、边6个区域、面4个区域和四面体本身。共15个区域。

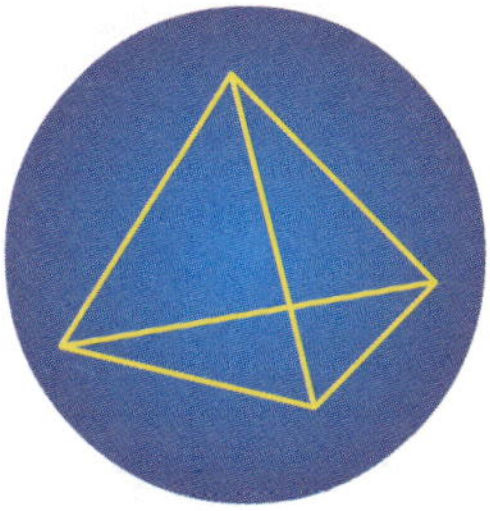

276 轨迹接近正方形。这个性质被用来钻正方形的孔。

277 这里是一个50步内的答案。

278 假设你能把圆柱展开。根据毕达哥拉斯定理：

$C^2=a^2+b^2=9+16=25$

c=5（米）

绳长4×5=20（米）。

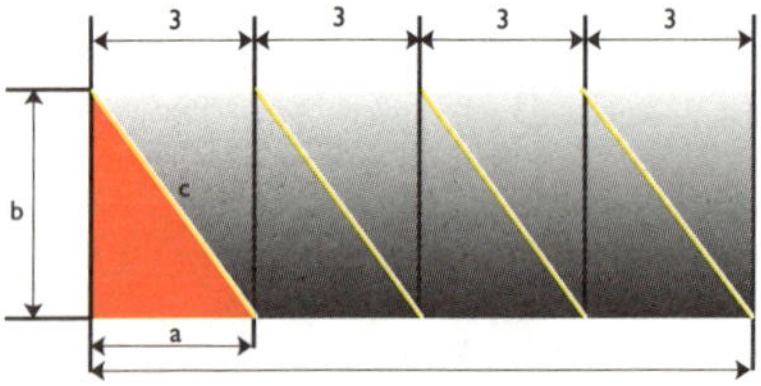

279 直观上的答案是：因为2米对地球的周长来说微不足道，所以皮带几乎拉不动。但这个“直观”的答案是错的。地球周长是其半径的2π倍，即皮带长度应为地球半径加上其拉高的高度再乘上2π。如果它和地球周长的差是2米，那么就有：2π（r+x）-πr=2米，x=1/π米，大约0.33米。哪怕这个“地球”只有乒乓球那么大，答案也是一样的。

280 球和圆柱表面积相同。

281 圆柱的体积恰好是圆锥与球的体积之和。这是用来求球体积的公式所依据的基本定理之一。阿基米德称这是他的一个重大胜利。

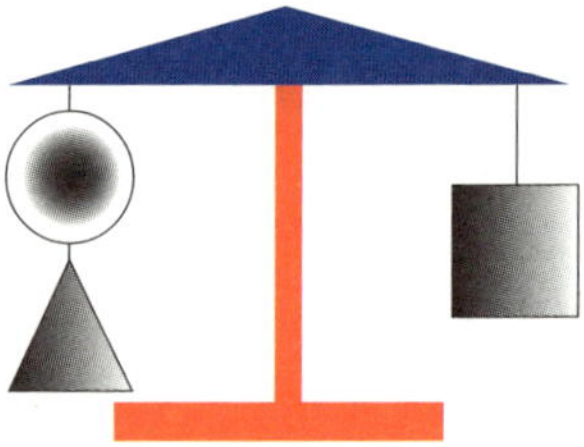

282 摆线的面积是产生它的圆的3倍。当这个结果首次被发现时，许多数学家大为震惊。而摆线从起点到终点的长度，则是此圆直径的4倍。数学家肯定它是个无理数，就和圆的周长一样。作为一条曲线，摆线比圆复杂得多，所以不难想像人们对如此简单的结果表示惊讶。

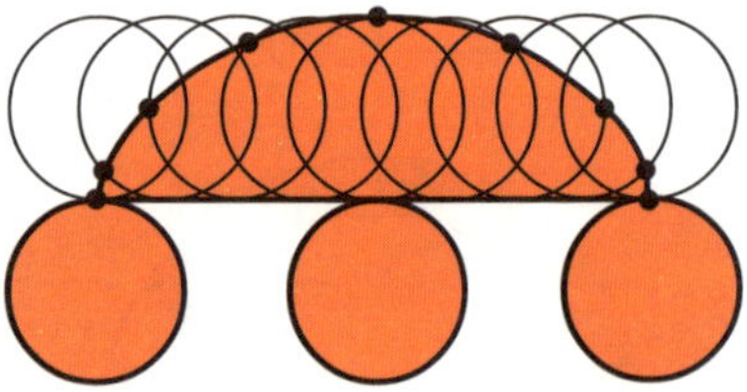

283 共可以取走6个球，如图所示。

284 最短的路径是直线，但不是最快的。而球沿摆线下落，将最早落到终点。摆线是其中最长的路径，所以摆线也被叫作“最速降线”。沿摆线移动可以较早地达到一个较快的速度，然后以这个速度最快达到终点。

285 除了最后一个图形，其他都可以。

286

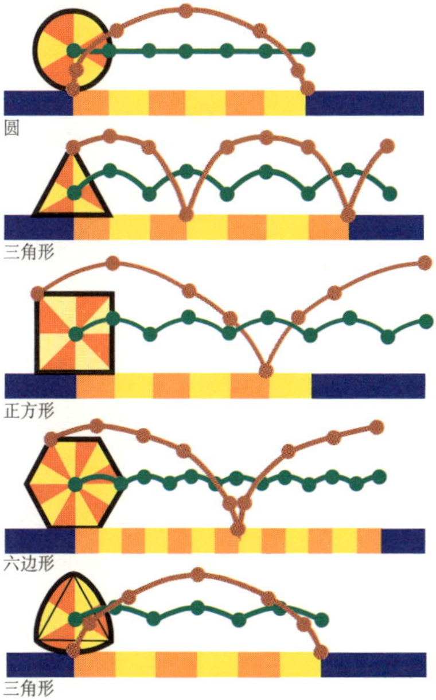

287 问题在于能否从鞘中拔出剑。波浪形的剑不能拔出，其他的都可以。

288 1. 平行于底面的平面截得圆。

2. 平行于圆锥高的平面截得双曲线。

3. 与底面所成角小于圆锥母线与底面所成角的平面截得椭圆。

4. 与底面所成角大于圆锥母线与底面所成角的平面截得抛物线。

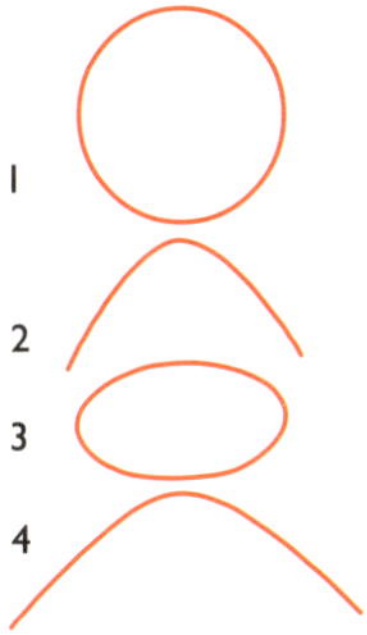

289 可以通过斜切圆锥或圆柱得到椭圆。此人可以拿起他的杯子并把它倾斜一个角度。其中的水面就是一个椭圆。

290 结果是一条肾形线，或叫肾脏线。

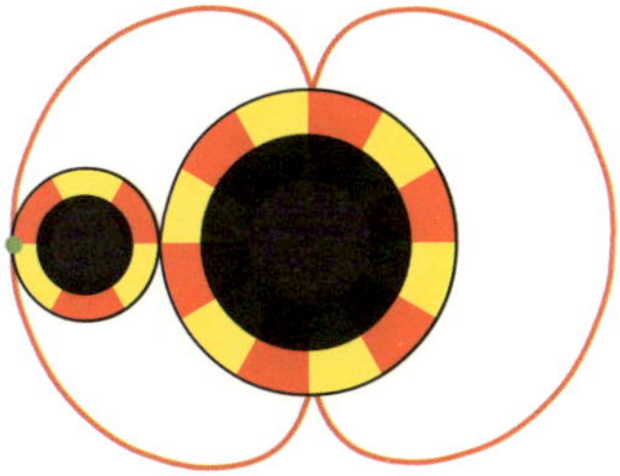

291 在圆上点一个点，然后沿任意直线折这个圆，使其边缘与此点接触。确定这条折痕。重复折多次后，你就会发现这些折痕围出一个椭圆。

这些折痕是椭圆的切线，把椭圆围在其中。再取几张圆形纸，看看要是初始点越来越靠近圆心会出现什么情况。在下面的图示中，点A和点C是椭圆的焦点。

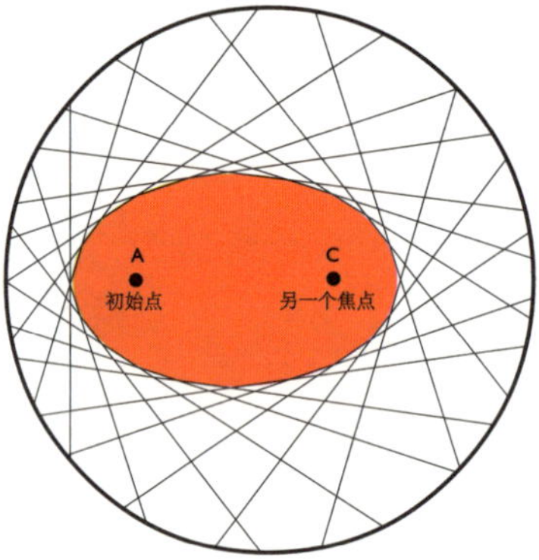

292 无论如何击打放在一个焦点上的球，它都会落进放在另一个焦点的洞里（当然别撞到障碍物）。但如果球放在两焦点之间，那无论如何击球，都不会落进放在另一焦点处的洞。

椭圆的这种反射特性被利用在一种叫做“回声长廊”的建筑中。这是一间椭圆房间，在一焦点处发出的任何微弱声音都可以在另一焦点处被清楚地听见。